U0679138

# 全才科学家

# 牛顿

黄萍 —————— 主编

巴蜀书社

**图书在版编目(CIP)数据**

全才科学家——牛顿/黄萍主编.—成都:巴蜀
书社,2020.11(重印)
(中外名人传记)
ISBN 978－7－5531－1043－1

Ⅰ.①全…　Ⅱ.①黄…　Ⅲ.①牛顿(Newton,lssac
1642－1727)—传记　Ⅳ.①K835.616.11

中国版本图书馆 CIP 数据核字(2018)第 206947 号

**全才科学家——牛顿**　　　　　　　　　　　黄　萍　主编

| | | |
|---|---|---|
| 策划编辑 | 施　维 | |
| 责任编辑 | 肖　静 | |
| 出　　版 | 巴蜀书社 | |
| | 成都市槐树街 2 号　邮编:610031 | |
| | 总编室电话:(028)86259397 | |
| 网　　址 | www.bsbook.com | |
| 发　　行 | 巴蜀书社 | |
| | 发行科电话:(028)86259422　86259423 | |
| 经　　销 | 新华书店 | |
| 内文排版 | 泽　雨 | |
| 印　　刷 | 三河市同力彩印有限公司 | |
| | 电话:(0316)3531288 | |
| 版　　次 | 2018 年 10 月第 1 版 | |
| 印　　次 | 2020 年 11 月第 3 次印刷 | |
| 成品尺寸 | 152mm×215mm | |
| 印　　张 | 13.75 | |
| 字　　数 | 275 千 | |
| 书　　号 | ISBN 978－7－5531－1043－1 | |
| 定　　价 | 33.00 元 | |

本书若有印装质量问题,请与工厂联系调换

# 前　言

　　艾萨克·牛顿（Isaac Newton），1643 年 1 月 4 日生于英格兰林肯郡乡下的一个小村落——艾尔斯索普村，1727 年 3 月 20 日在伦敦病逝。他是英国伟大的数学家、物理学家、天文学家和自然哲学家。牛顿在科学上最卓越的贡献是创建了微积分和经典力学。他晚年潜心于自然哲学与神学的研究。

　　他在 1687 年发表的论文《自然哲学的数学原理》中，对万有引力和三大运动定律进行了描述。这些描述奠定了此后三个世纪里物理世界的科学观点，并成为了现代工程学的基础。他通过论证开普勒行星运动定律与他的引力理论间的一致性，展示了地面物体与天体的运动都遵循着相同的自然定律，从而消除了人们对太阳中心说的最后一丝疑虑，并推动了科学革命。

　　清苦的童年生活使他性情羞怯而孤独。一位老师曾断言："这孩子将来一定是个非常迟钝的呆子。"然而就是这个沉默寡言、喜欢做木工活的孩子，后来靠着自己的天赋和勤奋，发现了万有引力定律、三大运动定律，同时，在数学、天文学、光学等许多方面为人类的科学进步事业做出了巨大贡献，成为被全世界所尊敬的科学巨人。

　　1707 年，牛顿的代数讲义经整理后出版，定名为《普遍算术》。他主要讨论了代数基础及其（通过解方程）在解决各类问题中的应用。书中陈述了代数基本概念与基本运算，用大量实例说明了如何将各类问题化为代数方程，同时对方程的根及其性质进行了深入探讨，引出了方程论方面的丰硕成果。如，他得出了方程的根与其判别式之间的关系，指出可以利用方程系数确定方程根之幂的和数，即"牛顿幂和公式"。

　　牛顿对解析几何与综合几何都有贡献。他在 1736 年出版的《解析几何》中引入了曲率中心，给出密切线圆（或称曲线圆）概念，提出曲率公式及计算曲线的曲率方法，并将自己的许多研究成果总结成专论《三次曲线枚举》，于 1704 年发表。此外，他的数学研究还涉及数值分析、概率论和初等数论等众多领域。

　　牛顿不但擅长数学计算，而且能够自己动手制造各种试验设备并且做精细实验。为了制造望远镜，他自己设计了研磨抛光机，实验各种研磨材料。1668 年，他制成了第一架反射望远镜样机，这是第二大贡献。1671 年，牛顿把经过改进的反射望远镜献给了英国皇家学会，因之牛顿名声大振，并被选为英国皇家学会会员。反射望远镜的发明奠定了现代大型光学天文望远镜的基础。

　　同时，牛顿还进行了大量的观察实验和数学计算，比如研究惠更斯发现的冰川石的异常折射现象、虎克发现的肥皂泡的色彩现象、"牛顿环"的光学现象等等。

　　牛顿还提出了光的"微粒说"，认为光是由微粒形成的，并且走的是最快速的直线运动路径。他的"微粒说"与后来惠更斯的"波动说"构成了关于光的两大基本理论。此外，他还制作了牛顿色盘等多种光学仪器。

他生前就成为科学界的主宰，几乎被当作偶像崇拜。他是英国皇家学会连任二十四年的终身会长、法国科学院至尊的外国院士，还兼任英国造币局局长和国会议员，并前所未有地被封为贵族，获得爵士称号。他又是第一个作为自然科学家获得国葬并长眠于西敏斯特教堂的人，这里是历代帝王和第一流名人的墓地。

牛顿身后的声望有增无减，他不仅有不朽的著作《自然哲学的数学原理》《光学》等流传于世，而且由于后继大师们的发展，他的思想观念长期统率着科学战线上的士卒。他在物理、数学研究上的主要成果，至今仍是各国大中学生必修的功课。

本书沿着牛顿人生和思想发展的主要脉络，为我们还原了一个真实的牛顿，描述了近代科学奠基人牛顿辉煌的一生，既有他潜心研究运动定律、万有引力定律、微积分学和光学的探索历程，又有他童年与外祖母相依为命、中年为官直至去世的人生轨迹。本书图文并茂，引人入胜，对引导广大读者沿着科学巨匠的足迹去探索大自然的奥秘，具有重要帮助。

# 目　　录

# 第一篇　能工巧匠

你若想获得知识，你该下苦功；你若想获得食物，你该下苦功；你若想得到快乐，你也该下苦功。因为辛苦是获得一切的定律。

——牛顿

## 白石小屋

冷冽的空气，使地面像结冻了似的。寒冷的冬日里，东方的天空，朦胧发白，大地仿佛披上了一重薄雾般的面纱。

山丘上一座普通庄主的住宅，只见房子的灯火通明，暖烘烘地照耀着整个房间。三楼的窗口有人影在频频闪动。

太阳刹那间闪现，照射着这座宅邸。铅色的天空，使它更明显地浮凸出来。

在公鸡喔喔的啼叫声中，夜色逐渐消逝。

雾在不知不觉间，陆续不断地飘向山谷。

有两个面戴黑纱的女人出现在宅邸门口。一个瘦瘦高高，一个矮矮胖胖。两个女人都冻得发抖，瘦女人向胖女人靠进一步，全身抖动，大声说："珍，你真是多嘴，何必呢？"

珍温和地回答："多嘴么？绝不是的。"

瘦女人挥着两手说："给那样不足月的娃娃吃什么药？简直是多余！从药店回来的时候，说不定已经是冷冰冰的了。这样子的冷天，还要跑到河对面去，真是神经病。珍，你好管闲事，真令人吃不消……哦，好冷啊！"

瘦女人是个鹰钩鼻、驼背的老妇女，看起来像个使魔法的巫女。她叽里呱啦连珠炮似地讲着，双手不停地挥舞，简直就像骷髅在跳舞。

"我们是特地被请来接生的，那样做可不太好吧。娃娃既然生下来了，当然希望平安无事地长大，不是吗？卡罗莱茵。"胖胖的珍说道。

被叫作卡罗莱茵的瘦女人缩缩双肩，无奈地看了珍一眼。

三百多年前的英国农村，没有专门以助产妇或助产士为业的人。因为人口稀少而分散，她们很难赖以为生。珍和卡罗莱茵有接生的经验，所以被请来接生了。

在白石小屋的二楼，刚生下来的垂死的男婴和他母亲汉娜静静地躺在床上。

牛顿出生地艾尔斯索普庄园

一个女人手拿尿布，在床边团团转。

"爱丽莎，对不起！累了吧。"

汉娜有气无力地招呼着。那位名叫爱丽莎的女人是跑来帮忙的邻居。

"夫人，药怎么还不送来？"

爱丽莎担忧地看着睡在母亲身旁使出浑身力气而哭声微弱的小男婴。

"爱丽莎，到北瓦萨姆的药店是很辛苦的，不如祈求神明保佑这个孩子能得救。"

爱丽莎跪在床前，小声祈祷。

门口的两个助产妇还在继续争论。她们的声音愈来愈高，居然忘记了寒冷。

"珍，你这个人太任性了！"

"那么，我就一个人到药店去，你就在二楼等着吧。"

"我就是讨厌庄主。王党派是我的敌人，要我在二楼等，还不如去跑一趟。"卡罗莱茵怒气冲冲地说。

1642年，英国发生了内战。林肯郡一带本是议会派的地盘，但地主多为王党派。牛顿家也是王党派，可是，卡罗莱茵的儿子却参加了议会军，正在作战。

"卡罗莱茵，婴儿是无辜的。何况王党派的地主已被召往天国，他生前从没有亏待过别人。爱丽莎的羊跑进他的玉米地里，糟蹋了一大片，竟没有挨打或罚钱，这不就是他的仁慈么？"珍祈求似地诉说着。

这一天是圣诞节。所以，卡罗莱茵一开头就非常气愤，因为她想早点到女儿家，看看可爱的外孙儿们。

北瓦萨姆是在过了瓦萨姆河约一两里的一个小市镇。

两个女人在冷得透骨的寒气中，不再开口，往山谷下走了。

当她们把药放进口袋，开始走向归途的时候，背部居然出了点汗。

"只剩一半路了，快点走吧。"胖胖的珍喘着气说完之后，加快了脚步。

"我也在拼命赶啊!"

这时的牛顿家中，初为人母的汉娜躺在逐渐衰弱的婴儿旁边，急得快要昏死过去。爱丽莎见了，惊慌得手足无措。

这是三百多年前的 1643 年 1 月 4 日，发生在英国偏僻的艾尔斯索普的事情。

在圣诞节这一天，生下娃娃的年轻母亲是庄主的夫人——汉娜·牛顿。

英国是基督教国家，几乎全国的人都是基督的信徒，但却分成三派：有的信仰最古老的旧教天主教，有的是信仰标榜清净生活的清教徒，有的是信仰因政治理由修正旧教而成的英国国教的国教徒。

天主教的领袖是罗马教皇，国教的领袖是英国国王，只有清教徒没有最高领导者，所以清教徒时常受到国王压迫。由于这个缘故，有一批清教徒搭乘了"五月花号"，远渡重洋到新世界的北美去开创天地。

在英国的清教徒奋力争取更多的议会席位，以便抵制国王查理一世的专制压迫，因而发生了所谓清教徒革命的内乱。

就在这一年年底，不足月的男婴出生于艾尔斯索普。

过年后不久，地主宅邸有一个牧师来访，这位牧师名叫詹姆士·埃司可夫，是汉娜的哥哥。

"汉娜，听助产妇说，娃娃小到可以放入一夸特量器内，现在怎么样了?"

能对她这样随便说话的，只有牧师一人。

"来，来……"

牧师见到娃娃像刚孵出来的麻雀一样，脑袋大大的，身体却出奇地小，不禁吃了一惊。他喃喃地说："一夸特量器，说得真妙!"

一夸特相当于四公升的容量。

"哎呀，别说得那么难听，已经长大一些了。"

汉娜鼓胀了两颊，从床上下来。

"能平安养大了就好。"牧师担心着说。

"你不知道，比刚生下来的时候已经好多了。看样子，顺利长大是没有问题，我一定要好好抚养他。"

"嗯，艾萨克还在的话……"

艾萨克是艾尔斯索普的庄主，也就是汉娜的丈夫。他们新婚才半年，当年的 10 月，他因为感冒并发了流行性肺炎，一下子就病逝了，年仅 37 岁。

"真是……"

汉娜伏在床上，肩膀一阵阵抖颤。牧师把手轻柔地放在她的肩膀上。

"哥哥，请把这个孩子命名为艾萨克。"

詹姆士·埃司可夫牧师是柯斯达华士这一教区的牧师。英国国王把国土分为许多教区，各教区置有任命的牧师。孩子诞生后的洗礼、命名也是牧师的职务。

"好主意，艾萨克是《圣经》第一页就有的名字，艾萨克·牛顿叫起来也很响亮。"

"我好喜欢。"

"但，变成像他那样的怪人也不好。"

"哎，大家都这么说，其实才不呢。他只是不善待人而已。这个孩子能像他，我就心满意足了。结实的身体、勤劳、不摆架子，加上人又英俊。"汉娜出神地回忆，如梦似幻。

教区牧师必须是学者。詹姆士·埃司可夫是剑桥大学出身，对于地主该有怎样的作为，有他自己的意见。

中世纪欧洲农民在城堡外劳动

中世纪的欧洲各国，田地和农民是与庄园结合的。庄园像是国家之中的国家，地主也就是庄主，支配着佃农。庄主住在豪华的宅邸，农民住的只是躲避风雨的简陋房子，过着牛马似的生活。庄主出巡的时候，前呼后拥，浩浩荡荡，教堂要鸣钟。而且庄主有审判权，对辖内的农民可随意处刑、罚金。

这种不合理的制度，是不会长久持续下去的。当汉娜生孩子的时候，艾尔斯索普的庄园已经改变了。虽说是庄主，实际上已和农民没什么两样。自己牧羊、自己耕田。当然，这跟庄园规模小也有关系。这个庄园是一百多年前，用钱向某一贵族买下来的。

喝着汉娜为他准备的温热牛奶，牧师说："把这个孩子养得健健壮壮，要很费心呢。"

玻璃窗被打湿了，雨不知什么时候下了起来——这一带是冬天多雨的地方。汉娜默默地将一根一根柴薪，放在壁炉里面。

"抱着一个吃奶的娃娃，能不能维持生活呢?"

牧师总是不放心她此后的生计。

"才两个人而已，我想没什么问题的。"

汉娜是个贤惠能干的女人。自己耕作土地，自己牧羊剪羊毛，就足以维持最低生活了。自己不能做的东西虽然要花钱去买，但金额并不大。如果佃租还不敷用，可将余物拿到市集去卖，以补不足。

"这个孩子，如果不是不足月的话，可以更放心了。"

汉娜抱起婴儿喂乳。

"我想，艾萨克的不幸打击了你，才会使你这么坚强。"哥哥说。

"我也是这样想，珍也是这么说，不过，一切都是神的安排。我一定要守着这个孩子。"汉娜坚决地看着哥哥说。

"这样子嘛，我就放心了! 到底是我的妹妹。"

牧师感到满意，就告辞走了。

汉娜在二楼窗口望

牛顿就是在这个地方度过童年

着东方。一望无际的枯黄原野的远方，瓦萨姆河闪闪发光，像一丝白线的是哈门公路，白线上移动的黑溪，是驿马车吧！广阔的田园中，出现了一个人影，从桥端往牧师公馆的路上悠闲地走着，正是汉娜的哥哥。汉娜的视线一直凝视着他，直到黑影隐入树林的阴影中。

汉娜经常和艾萨克一起这样子眺望。

汉娜紧靠着窗，对着百看不厌的景色出神。

"看看吧，多美的景色啊！"汉娜抱着尚不能看见东西的娃娃，喃喃自语。

"总有一天，能跟你边说话边看风景的。"

汉娜好像婴儿听得懂话似的讲了心里想讲的话之后，把自己的面颊贴在娃娃粉嫩的小脸上。

娃娃在熟睡中。

汉娜抬头寻找哥哥，地平线不见了，白线也不见了，发着亮光的河流及树林等全是一片模糊。

好像是绵绵不断的雨在恶作剧，一切都在哭着，烟雾蒙蒙的。

汉娜把娃娃轻轻地放在床上，跪下来祈祷。

"神啊！请保佑这个孩子长大成人……"

汉娜静静地祈祷着。

雨声不停地响着。

即使孩子能长大成人，如果身体虚弱，怎么办？如果脑筋不好，又怎么办？只要有父亲的一半就好了，我并无奢求。

汉娜想着孩子的将来，不知不觉陷入沉思之中。

在生产的忙乱中，汉娜的工作堆积如山。奶油快没有了，需要做些乳酪，也想编织娃娃的背心。现在必须先做晚饭，然后烤面包，因为明天的面包已经不够了。

汉娜突然站了起来，套上手织的粗糙外套，赶向牛厩，因为忘记挤牛奶了。

## 背景知识

## 清教徒

自 16 世纪上半叶开始的宗教改革运动席卷了整个欧洲大地，德国的马丁·路德、法国的加尔文成为改教后基督教新教的领袖。在当时的英国，由于英国国教的专横，宗教改革姗姗来迟，但英国教徒们

**17 世纪的英国清教徒**

还是受到了来自加尔文教义的影响。1524 年，英国人丁道尔把《新约·圣经》翻译成英文，他可以说是英国的第一位清教徒。早期清教徒希望完全按照《圣经》的原则生活，服从《圣经》的教义可说是他们的首要任务，而丁道尔的目标就是让英国每一位识字的人都拥有一本《圣经》。历史上，将在英国的新教徒——那些信奉加尔文教义、不满英国国教教义的人称为清教徒，但由于英国的宗教迫害，大部分清教徒都逃亡到了美国。所以人们说

起清教徒，一般指的就是美国的清教徒。

其实，清教徒并不是一种派别，而是一种态度、一种倾向、一种价值观，它是对信徒群体的一种统称，是信仰最为虔敬、生活最为圣洁的新教徒，他们认为"人人皆祭司，人人有召唤"，认为每个个体可以直接与上帝交流，反对神父集团的专横、腐败和繁文缛节、形式主义。他们主张简单、实在、上帝面前人人平等的信徒生活。

他们肯定现实生活，与出世厌世的观念相反，认为："世界就是我们的修道院。"（加尔文语）而尘世中的工作是修道的方式，是上帝安排的任务，是神圣的天职。每个人要入世修行，将自己在世间的工作和生活做好，就是在修行和敬拜，就是在尽一个人的本分。

他们也肯定了营利活动，认为人是上帝财富的托管人，作为托管人，有天职将财富增值。正像一位名叫普勒斯顿的清教徒领袖在他的著作中所写："若有人问如何能晓得神在他身上的旨意，我的答案很简单：只要看看神赐给他的产业便成。"

清教徒是创业精神的代言人，他们认为人开创产业必须要禁欲和俭省节约。他们限制一切纵欲、享乐甚至消费行为，将消费性投入和支出全部用在生产性投资和扩大再生产上，如此必然导致资本的积累和产业的发展。不是纵欲和贪婪积累了财富，而是克制和禁欲增长了社会财富。

清教徒崇尚商业和工业活动，在商业中诚实守信、珍视信誉、决不坑蒙拐骗。清教徒企业家不仅追求利润最大化，而且具有对社会的回馈意识，担当社会责任，扶持社会公正，为社会公益事业作出了巨大贡献，承担了巨大的公共事业义务。

清教徒对一切充满了信心，无论从事商业贸易还是生产耕种，都具有排除万难、获得非凡成功的勇气和信心，他们善于创造和创新，不断地开拓和征服，他们身上值得人们学习的可贵精神非常之多。

## 洗　礼

洗礼是基督教接受入教者举行的一种宗教仪式，主持者把水滴在受洗人的额上，或让受洗人身体浸在水里，表示洗净过去的罪恶。

今天的教会强调洗礼的重要性，有其历史背景。简单地说，是和早期教会受到严厉的迫害有密切关系。为了防范那些混入教会当眼线的人，用洗礼来宣示自己的信仰，使那些想当眼线的人不能隐藏身份。圣徒保罗强调说："如果你口里宣认耶稣为主，心里相信上帝使他从死里复活，就会得救。因为我们心里这样相信，就得以成为义人，口里这样宣认，就会得救。"因此，教会传承这个远古信仰礼仪直到今天。

不论洗礼的传承是什么，最重要的一点，就是受洗的信徒必须有非常诚实的态度，透过洗礼来作为生命的告白。表示自己愿意用一生的时间跟随耶稣，无论在什么境遇、什么情况之下，都愿意公开承认耶稣就是自己的信仰。如果没有这样的信仰认知和态度，不论是几岁受洗、给谁施洗，都没有什么特别的意义。

# 四岁成了孤儿

严冬已经过去，苦恼烦人的季节渐渐远去了。

丘陵全染上了翠绿，牛羊闻到了新草芳香，欢快地在原野中奔跑。

其间，汉娜犹如蚂蚁和蜜蜂，忙碌不已，艾萨克·牛顿也一天天地在成长。

5月晴朗的一天下午。在艾尔斯索普地主宅邸里，艾萨克在绒毡般的草地上吹着麦笛。哔哔！叭叭！他原以为是悦耳的音色，谁知道出来的都是怪声。于是便不吹了，一心摆弄麦笛。

"少爷。"

艾萨克抬头看了看叫他的女人。原来是从教会回来仍穿着唯一一件外出服的爱丽莎。

他面无表情地说："哦，隔壁的阿姨啊。"

"你妈妈在不

结婚喜庆图

在?"

"在啊，不过有客人。不行，不行。"

艾萨克已经4岁了，这样的话说得还蛮清楚。

"请告诉你妈妈，我等一下再来拜访。"

爱丽莎回家去了。

艾萨克又开始研究怎样调节麦笛的声音了。

没过多久，母亲汉娜和她的牧师哥哥出现在门口。牧师旋转着硬帽子，又和妹妹谈了一阵子。艾萨克看到两人，好像面有难色。

牧师挂着拐杖从山头下去后，艾萨克跑到母亲身边说："担心什么事吗?"

汉娜被他说中了心事，不禁迟疑起来。

"不，没什么……"

"好像很担心嘛，妈妈!"

艾萨克凭着儿童的直觉这么说。可是，这句话却震惊了母亲。

"谁也会忧虑的。长大了的话……"

"那，我不想长大啦。"

"哎，艾萨克，你怎么了?"

汉娜紧抱着儿子。母亲的悸动直接波及了艾萨克。

"怎么啦，妈妈?"

艾萨克奇怪地看着母亲的脸。

"呀，爱丽莎来了。"

看到牧师已经回去，爱丽莎又来了。

"乖孩子，一个人去玩儿吧。"

四岁的艾萨克，独个儿留在庭院里，搜集石头和石片，开始造房子。

一进到房子里，爱丽莎手掩着脸说："为夫人着想，我……"

"怎么啦？"

"我……多管闲事了。"

爱丽莎说完之后，哭了起来。

"到底怎么了？爱丽莎。"

汉娜伸出双手，扶着为自己着想而哭泣的爱丽莎。

"我多管闲事，把事情告诉了堂哥。"

"谈了些什么？"

"关于夫人的事。"

"关于我的什么事？"

"……"

爱丽莎对她堂哥谈了什么，汉娜大体上已料想得到。因为刚回去的哥哥已经谈起过了。

"爱丽莎，刚才我哥哥来了，问我有没有想过再婚的事。"

汉娜说出来之后，很奇怪的，心里的结竟然解开，觉得轻松多了。她面带微笑，也感染了爱丽莎。

"啊，那就好了。夫人，其实我说的也是这件事。我对喜欢帮忙的堂哥，不知不觉说漏了嘴。"

"说什么？"

"我问他，对庄主夫人的事有什么想法。他干脆地回答说，当然是再婚最好。我虽然对他说，不要把事情看得那么简单，可是他却说事情包在他身上。我在想，他如做出了什么事，我该怎么办？夫人，请原谅！"

"说不上什么原谅不原谅的，我知道你是一番好意。"

"话只是谈到那个地步而已。怕只怕我堂哥当了真，那我就不晓得怎样向夫人道歉了！我急得坐立不安，所以特地赶来说明。"

"爱丽莎，真谢谢你！这么替我着想。"

被汉娜如此一说，爱丽莎全身紧张的肌肉顿感舒缓，才在椅子上坐了下来。

"爱丽莎，我哥哥问我，夫人是不是已决心依赖艾萨克，独自过这一生？又说，艾萨克是不足月的孩子，说不定是个低能儿，这样，仍想依赖他的话……"汉娜说着眼眶红起来，低下了头。

任谁看了艾萨克也觉得他不像是聪明的孩子——言行迟钝、拖拖拉拉的。牧师早已看出来了，爱丽莎也担心这一点。

"夫人年轻美丽，人又聪明，实在可惜！使您不快的话，请原谅。"

爱丽莎的话，绝非夸大阿谀。大家都认为汉娜是个杰出的女性。

"我一点都不知道该怎么办。但我决不示弱，有勇气带低能儿过活，我在娘家也经历过耕作的劳苦。"

汉娜坚毅的脸，两颊凹陷，显得瘦瘦削削的。

"从夫人的脸上，可以看出生活的劳苦了。不是说不要管少爷，夫人也该为自己想想了。"

租耕庄园一部分土地的佃农爱丽莎，干脆把平日所想的都吐露出来。

"我一直咬紧牙关生活着。问题是，能不能支撑得下去？"
送走爱丽莎的汉娜，心乱如麻，如木头似地呆站着。

"妈妈，点心。"

等待爱丽莎离开的艾萨克，如飞似地跑进来。表情依然平静，汉娜不禁搂紧儿子。

这儿是北瓦萨姆牧师公馆。正门口有一个男人在敲着门环，但是里面没什么反应。

"该在家的啊！"男人喃喃说着。

然后他穿行于紫丁香树列的间隙，绕行到牧师公馆后面。在郁金花花坛旁边，他看到牧师坐在摇椅上摇晃。

男人走到近旁，想起牧师耳朵不好使，就大声喊："牧师！"

光头上放着挡阳光手帕的牧师吓了一跳，跌到地上。他边以手背擦拭口水边张望着。

"牧师，对不起！"

男人躬身道歉。

"好像破锣声一样大叫的是你啊。哎呀，吓了我一跳。就好像从天国掉到地狱一样。沃西邦，什么事呀？哎呀呀……"

牧师想坐到椅子上，却又不小心坐在地上，他揉着屁股站起来。

"是的，有特别的事情想和您谈谈。"

"要忏悔的话，就到忏悔室去，真是个粗鲁的人，做事不多想想，常有罪过，真是烦人！"

牧师说着，挺着腰走向教堂。

"不，不。牧师，不是的。"

沃西邦慌慌张张，赶紧阻止。

"什么，你除了忏悔以外，好像没找过我啊，那么，想必没什么要紧的事吧。"

牧师非常慎重小心地又坐到摇椅上。看来真像个粗鲁人的沃西邦，手拿着帽子站在旁边。

"牧师，真令人伤心！一直没机会见您，所以没向您致意。"

"什么，你是说内人的事情吗？那早就过去了，你专程来说这个的啊，那就谢谢了！但是，你这个人也真怪。"

负责北瓦萨姆教区的这位巴巴纳斯·史密士牧师于前年 6 月丧妻，幸好没孩子，一个人过着单身生活。

"牧师，我认识一位好妇人。"

"就是你太太吧。"

"哎呀，不是啦！是我想介绍给牧师的妇人。"

"不要啦，女人麻烦，有一个男佣人就足够了。"

"不，不是女佣人，是夫人。"

"哪个地方的夫人呢？"

沃西邦搔搔脑袋说："我不会说话，真对不起！是牧师您的夫人。"

"沃西邦，你今天是怎么啦？我的夫人不是已经到天国去了吗？"

沃西邦不安地用两手捏弄着帽子。

"现在是美好的五月天，你好像高兴过头了，把脑袋冷静一下再来吧。"牧师不耐烦地说。

沃西邦更为慌张了。

"牧师，有一位妇人实在太好了，想介绍给您做太太。"

"咦，我好像没说过要续弦呀，到底是谁拜托你的?"

"不，不，没人托我。"

"是这样啊，那你并没昏头昏脑。不过，我已经受够了妻子的累，不想再重温噩梦了!"

沃西邦感到很为难，但就这样告退，又觉得未免虚有此行。

"牧师，再也没有比这位妇人更好的了。"

"是吗？像我内人那样的女人，一百个一千个都有。"

牧师为了赶掉睡意，捉弄这个慌张好事的男人，突然兴起了开玩笑的念头。

"那么，就去问问你说的那个再也没有人及得上的好妇人，愿不愿意嫁给我这样的老头子吧？如果我亲自去交涉的话，一定会被拒绝的。"

牧师本来全无再婚的意思，但和这个随便的男人聊开以后，确实有些动心了。内心却不认为这种事情可以一谈即合。

"可是，那位妇人的事情，我还没听到什么啊，是怎么样的人呢？"牧师进一步地询问道。

沃西邦的精神不禁为之一振。只见牧师摇着摇椅，满面笑容。

"柯斯达华士教区的艾尔斯索普庄园的夫人，年约三十岁左右。"

柯斯达华士是邻接北瓦萨姆北部的教区。

"嗯，近的比较好办。就麻烦你去跑一趟。你是个佃农?"

"是的。"

"一天的工钱多少？"

"七便士。"

"这样吧，我给你今天的工钱。跑一趟就得花一天时间呢。"

牧师是个手很紧的人，但他不会让人白做事。

"好的。"

沃西邦接受了七个便士，小心慎重地放在口袋里面。然后，吹着口哨，走上通往艾尔斯索普的山丘。当然，目标是堂妹爱丽莎的家。

沃西邦和爱丽莎很顺利地找到了在麦田里工作的汉娜。汉娜听到这件事，感到惊讶，没想到这么快就有人来提及婚事。她对于这一问题，没有自信，她认为将来的事情只有神才知道。

结果，汉娜回答说："等我和哥哥商量，听听他的意见如何再做决定吧。"

汉娜不认识任何学识、经验和为人都比牧师哥哥好的人。而巴巴纳斯·史密士更是从没见过的邻区牧师，她觉得应该先问问哥哥的意思。

听到回话的沃西邦，心想有苗头了！他和爱丽莎会意地交换了眼色，兴高采烈地回去了。

过了药店和肉店就是教会，再旁边就是牧师公馆。幽默的老牧师，这次准备了红茶，在会客室接

**17世纪的牧师**

第一篇 能工巧匠

待了他，很认真地倾听着沃西邦的回话。

"辛苦了！明天就可以，麻烦你去柯达华士的牧师公馆一趟，工钱先给你。"

牧师又拿出七个便士。

"不过，对方有个孩子。"

沃西邦嗫嚅地开口。

"什么？为什么不早说？"

牧师的手伸向桌子的便士。

"事先我也不知道啊！"

牧师呆住了，伸出的手停住在那儿。

"你也没见过那位妇人么？"

"不，刚刚见过面了。的确很不错！"

"好一个媒人。"

牧师的手缩回去了。沃西邦赶紧拿了便士，放进裤袋。

"沃西邦，坦白地跟你说，孩子是坚决不要的。连讨个新娘，我也怕会有麻烦呢！"

沃西邦对牧师的嚷叫毫不在乎，他是凡事都不加深虑的。

第二天，沃西邦到瓦萨姆河桥边，拜访柯斯达华士的牧师。这儿的牧师是汉娜的哥哥，比北瓦萨姆的牧师年轻得多，为人精明，使跑腿的男人心情更为紧张。

"关于我妹妹的婚事，首先要考虑的是孩子的问题。"

被他这么一说，沃西邦感到天旋地转，不晓得怎么开口。

"对方怎么想呢？"

"说不想要少爷……"

沃西邦的话，使牧师陷入沉思。

透过镶边的窗帘，飘进五月的和风，带来阵阵的紫丁花香。

"史密士牧师是地主吧?"

"是的，是大地主。"

"那么，为了留下来的可怜孩子着想，要他让出一部分土地来。这件婚事，我是完全赞成的。不过，如果不接受这个条件的话，那就难办了!"

沃西邦这下子又头大了。北瓦萨姆的牧师相当吝啬，手头紧得很，很难想象他会同意割让出一块土地。

但是，这个牧师和汉娜见面之后，事情就进行得很顺利。史密士牧师说，为了艾萨克，他愿意割让每年可以收入五十镑的土地，这个金额是租佃收入，可以靠它生活得很富裕。

牛顿家的庄园，每年收入三十镑，再加上这五十镑的收入，就可以过得很舒服了。

史密士牧师是个很会打算的人，为了避免被留下来的孩子抱怨，他也只能这么做了。

如此，汉娜的再婚，如沃西邦所预想的那样进行了。

有一天，汉娜握着儿子的手说："妈妈要到别的地方去了。"

"什么地方?"

"要嫁人去了。"

成为孤儿的牛顿

"也带我去……"

"那不行啊。"

"为什么不行呢?"

小艾萨克苦着脸,终于哭了起来。

"我当然想带你去,可是,对方不肯。"

汉娜一阵伤心,眼泪簌簌而下。

"宝宝长大了,就会知道妈妈的苦心。但是宝宝现在还小,什么也不知道。"

母与子,一时间什么话也没说,只是搂着痛哭。

"妈妈,以后只有我一个人,怎么办?"

"外婆会来照顾你的,她是宝宝喜欢的人,就忍耐下来吧。"

"嗯。"

懂事的艾萨克,已感觉到了母亲的决心,流着眼泪点头答应了。

"乖乖的,听外婆的话。神一定会保佑你的。"

"妈妈什么时候回来?"

"我会常常回来的,也会给你带你喜欢的东西。"

听到会带东西给他,艾萨克的幼小心灵感到一阵欣喜。

看到艾萨克悲哀的脸色,汉娜的决心犹如暴风雨中的船摇摆不定了。对于史密士牧师所说不要带孩子来的话,又恨又悲,只是日夜哭泣,结果还是认了,一切都是神的安排。

过去一直认为妈妈只属于自己一个人的艾萨克,当他在詹姆士舅舅的教堂内,和一个从未见过的老头子握手的时候,再也忍耐不住"哇!"的一声大哭起来。旁边的外婆和爱丽莎,急忙抱紧了他加以安慰。

从这个时候起，艾萨克成为了弃儿，与外婆过着仅只两个人的寂寞生活。

由于好事男人的一念，就像葫芦里的膏药产生了意想不到的结果。当然，首当其冲、遭遇最惨的是年仅四岁、还不大懂事的艾萨克·牛顿。

印有牛顿像的纸币

老人和幼儿的生活，花费不多，仅靠佃租就足以维持生活。

但外婆仍然忙着饲养牛、马、羊和鸡等禽畜，还亲自下田耕作。沉默寡言的幼童，常常碎步跑着，紧跟在外婆后面。

多半的时间，艾萨克很耐得住寂寞，一个人玩儿，一个人想，逐渐长大成为不像孩子的大孩子了。


# 可爱的小木匠


小艾萨克不大爱理人，也很少见到他的笑脸，只有集市的日子是例外。那天，他总是站在屋顶阁楼往窗外望，一看到马车的行列就高兴地拍手。马车有青、黄、红等各种色彩。早上，马车经过窗口以后，慢慢地由近而远，从豆粒大而变为蚂蚁大。黄昏，只要看到由蚂蚁大变为豆粒大的马车接近了，艾萨克就会跑下来，去迎接帮他买东西的爱丽莎阿姨，从爱丽莎手上兴奋地接下所购物品。

有一次集市，他托爱丽莎买的是一大批葡萄和一把铁锤子，爱丽莎的丈夫和另外一个青年将物品卸下来，放在艾萨克的仓库前面。

"嗨！嗨！……"

将葡萄一笼一笼卸下来的喊声很有节拍，小艾萨克以可爱的声音热心地学着喊叫。

"少爷，留在最后，真是对不起。"

最后，驾驶座上的爱丽莎拿出了那把铁锤子。艾萨克伸手接下，好奇地仔细察看着。

"少爷，还有送给你的礼物。"

爱丽莎握着拳伸到艾萨克眼前。

"什么？这是什么?"

爱丽莎的手掌一下子张开了，有三根粗大的铁钉。那是黑黝粗糙、尖得像刺一样的钉子。当时的钉子，一根一根都是用锤子打造的，方角柱形，不像现在的白得发亮。当然价钱也不便宜。

"唷嗬!"

艾萨克难得地高声喊叫，跳跃起来。正在满足地看着一大堆葡萄的外婆被他的喊叫吓了一跳。

外婆在仓库中准备了木桶和小笼子。她把小笼子拿出来，从卸下来的大笼子里，一把一把地拿出葡萄，小心翼翼地放在小笼子里。然后搬到仓库内木桶旁边，把一粒粒青葡萄飞快摘下，丢到木桶里面。

"今年可以酿造很多的葡萄酒，送给汉娜和詹姆士了。"

教区牧师詹姆士·埃司可夫是这位老婆婆的儿子。再婚的汉娜刚生了个男孩。老婆婆为了子女和外孙子们忙碌着。

"外婆，我要在这里钉上一根。"

艾萨克在仓库门口的门柱边，他的小手握着铁锤子，举得高高地要钉下去。

"不能在柱子上钉钉子。"

正在忙碌中的外婆把头转向门口，挥手阻止了他。

"那，钉在什么地方好?"

艾萨克焦急地询问。可以看得出他手痒痒的，想赶快试用一下新工具。

"嗯，什么地方好呢? 对了，有个好主意，艾萨克。"

外婆顾不得堆积如山的葡萄，在放着破烂的仓库角落里拿了一块厚木板出来，那是破桶的碎片。

少年时期的牛顿

"钉在这上面看看，如果柱子上有钉子的话，会钩住人，那很危险。在这个木板上，钉上多少根也没关系。"

艾萨克用他的小手开始钉了。

"外婆，我总是没法直直地钉进去。"

老婆婆又不得不停下了手头的工作。

"怎么做才好呢?"

看着外孙子的手势，聪明的老婆婆想东想西的。钉子没法直直锤打进去倒还不要紧，如果手把不稳，打到指头那就糟了。艾萨克像是已吃过亏似的，提心吊胆。

"艾萨克，你看，这样子……"

爱孙心切的老婆婆脑子里闪过了一个妙法。她捡起旁边的旧绳子，在一头绑上了铁钉，这样要对准或要横要竖，只要拉住绳子都可随心所欲。

艾萨克看着外婆的动作，深感佩服地叹了一口气。

"是这样做吧！"

艾萨克手握绳子，使钉子在板子中央直立，用锤子敲打了起来。

"钉好了，外婆。"

虽稍有倾斜，但钉子在板上立得挺挺的。艾萨克高兴得不得了。剩下的两根钉子，也用同样的办法钉好了。

"外婆，再给我几根钉子。"

艾萨克想要更多的钉子。但这位不忘随时施教的老婆婆开始想法劝止他。

"宝宝，这块木板准备做什么用？"

艾萨克回答不上来。有钉子的木板，看上去好像没什么用处。

"外婆，给我去集市买个切木板的工具好不好？"

艾萨克希望做更有用的事情了。

老婆婆本来想去看看烤面包炉的火候，刚踏出了脚步，听到艾萨克这么说，她被认真索取工具的外孙子的态度感动了。

"呀，好啊。不过要等下一次赶集。"

"太好了，谢谢外婆！"艾萨克高兴得拍起手。

"木头要怎样切开呢?"

没有父亲的艾萨克,这个时候还不认识锯子。老婆婆马上想到了,于是从木桶后边找出了已经生锈的锯子给他看。

"宝宝,想用锯子做什么?"勤劳的老婆婆在厨房的烤面包炉前回头问外孙子。

小艾萨克坐在自己的椅子上,来回摆动着还够不到地板的双脚说:"我想切短这张椅子的腿。"

艾萨克说了出人意料的话,使得这位外婆颇感应付不了。

"不然摔下来的时候,会有危险的。"

艾萨克故意扭扭腰,装着要摔下来的样子。椅脚不稳固的椅子,顿时摇摇摆摆起来。

"艾萨克,危险啊!不要这样子。"

老婆婆担心得冒出了冷汗。她想了一阵后,说:"宝宝,后天到教堂做完礼拜之后,顺便去拜托詹姆士舅舅吧。"

"拜托他什么?"

"请他锯短椅脚不就好了吗?"

"不,我要自己锯。"

艾萨克想自己动手,使得思想单纯的老婆婆有些担心。

"那么,请舅舅来教你怎么锯好不好?"

匈牙利科学院里的牛顿雕像

"锯子呢?"

"叫舅舅带来。"

"我很想借他那把锯子来用。"

艾萨克想得很周到,一点遗漏也没有。

"你就向舅舅要求吧。这样就不必买了。"

"不,只借用到市集那一天。"

艾萨克想得很全面。

"外婆,有没有削木板的工具呢?"

听到这样子的问话,老婆婆看出外孙儿的头脑并不平凡,内心高兴不已。

"当然有,没有的话,用什么做平面的桌子呢?"

"那我知道。外婆,我想要那种工具。"

"顺便就在下一次市集的时候,和锯子一起买吧。"

"那太好了!"

外婆从没见过外孙子这样高兴过。一向担心艾萨克的头脑不及别人的想法,也就冲淡了很多。

"外婆,我们马上去找舅舅吧。"

第二天早晨,两人在秋天的阳光下,从山丘上往瓦萨姆的山谷走下去。由于不久前下了一场雨,水位上升的瓦萨姆河的急流撞上岩石,激起了飞沫。艾萨克在桥上看得出神,站着不肯走。

"艾萨克,驿马车来了。"

外婆抓住了爱孙的手,把他拉了过来。

艾萨克此时正全神贯注地看着河流,外婆却没有察觉出来。

艾萨克并不是在看水中的鱼儿,也不是倾听流水声,他是在注视水的流动，感受水的力量。

"这孩子呆呆地在想什么？"

外婆不知道外孙正沉思于自然现象，于是用力拉了艾萨克的手。

两人所走的乡间小路，有一条宽广的哈门公路。

外婆把手向左边指着，在很远的树林处，正有四匹马车扬尘而来，驾驶座和车内的人都向他们挥手。艾萨克一直呆呆地张着嘴，目送着气势如风的驿马车。当驿马车消逝在远处的尘雾中时，艾萨克自言自语："坐在上面好像很舒服，总有一天我也会坐上的，但是，坐驿马车也会遇到可怕的事情，骑马的强盗经常出现，行李也好，钱财也好，都被搜刮得一干二净。到了驿站，又有乞丐缠着讨钱。不过，我没有钱，这点倒不必担心。"

艾萨克从没遭遇过恐怖的事情，所以一点儿也不在乎。

"那一辆马车要到哪里去？"他问外婆说。

"向南去的，一定是去剑桥，再转车就可去伦敦了。"外婆向他解释。

其实，对此时的小艾萨克来说，剑桥、伦敦都是一样。

舅父詹姆士在牧师公馆内看书，对艾萨克的要求，轻快地答应了。因此，艾萨克的椅子高度变得刚刚好。艾萨克也学会了锯子的用法。

从此以后，这个小木匠就把自己关在房间内，从早到晚做木工活。

"宝宝，你在做什么呀？"

有一天，外婆偶然进入了艾萨克的房间。在一大堆孩子气的、歪歪斜斜的工具箱、书架、玩具箱等制品当中，艾萨克正在用尺子在木板上量着。他面露难色，好像被什么困惑似的，这情景很令外婆担心。

# 鞭笞教育的私塾

衣食都是靠自家生产的，没有报纸杂志，也没有什么必须写的信，很少需要用钱买东西，更没有去工厂或公司上班的必要，这种生活并不需要读书写字，算术只要会加减法就足够应付，所以通常都没有人想到学校去念书。

17 世纪的神父

英国在 300 年前，就是这样的社会。如果有人想念书，多半是为了做牧师、神父，或者是为了看药书配药的药剂师，等等。如果担任神职的话，不必劳动也能生活，可以专心念书。

不一定要做牧师或神父，只要是贵族，愿意的话随时都可以读书。艾萨克的孩提时代，英国有中学，也有大学。进入中学的，主要是贵族，或是想出任神职的人。

艾萨克具有庄园庄主的身份。庄园再怎么小，也是贵族的一份子，所以迟早得去念中学。

当时的英国，有类似于私立小学的私塾，因此不像一般学校那么大，教师多半是主办家的亲属，教学科目只有读、写、算三科而已。

庄主、牧师或药剂师的儿子，通常都要念私塾。艾萨克长到了六岁，曾使舅父詹姆士牧师和外婆为上学的事伤透了脑筋，最后好不容易把他送到两家私塾去念书。他是每隔一天，轮流到史其灵顿和史托克两所私塾上学。

入学的事定了下来，外婆托爱丽莎在市集买了一些薄质黑布料。

布料拿到手，外婆边称赞，边放在孙子肩膀上比着。

"如果是我的话，绝不可能织成这样又薄又轻的布料。"

"穿上这件衣服，宝宝就是学生了，衣服要做大一点才好。"

外婆自己一个人高兴地想着。

"学校是做什么的地方呀？"

艾萨克曾反复向外婆问起过这个问题。由于艾尔斯索普庄园从来没有过小孩子去上学，艾萨克搞不清学校究竟是做什么的。

"教一些有用的事情。"

"有用，对什么有用？"

"对宝宝长大以后有用的事情，都会一个一个教的。"

"那么，我也会学做水车或桥吗？"

艾萨克想在长大了以后，制作种种的东西。所以，能被教到这些，他就能认识学校的意义。但是，这却使得外婆难以应付。

"会教读书和写字。"

"外婆并不读书写字啊。"

外婆哑口无言。也许是夏天气温高的缘故，她手拿黑布，脑门上流着大汗，不知该如何回答。

庄主公馆里，该读的书一本也没有。艾萨克从没见过外婆或母亲读书。当时的女人，识字的几乎没有。不识字的外婆，当然也不会写字。换句话说，牛顿家里的女人，大都跟文字无缘，难怪艾萨克不了解学习读书写字的意义了。

"我不去学校了。"这是艾萨克近来经常重复的一句话。

"不去的话，就不能成为伟大的人啊。"

"变成伟大的人，是怎样的事情?"

"比如像詹姆士舅舅成为一个好牧师，这就是个样子。"

"我不要做牧师，我认为做木匠比较好。"

疼爱外孙的外婆不知说什么才好，坐在摇椅上把头俯了下去。

"外婆，怎么了?"

艾萨克急得把手放在外婆肩膀上，感到外婆的身体在抖动，也听到了啜泣声。

"外婆，怎么了?"

听了外孙的话，外婆的抖动和啜泣更加激烈了。

"好，我要去学校。"

只有两人在一起的生活，一个人的悲伤，对于另一个人来说，是难以忍受的，这点艾萨克也不例外。

外婆拭着眼泪抬起头的时候，室内已经暗下来了。

"艾萨克是个坚定诚实的孩子，哪里是脑筋不好？汉娜和詹姆士一定都会高兴的。"外婆心里暗想。

那一天的夜晚，等艾萨克睡着以后，勤劳的外婆就坐在椅子上，开始缝制外孙的长袍。她特地点了三支蜡烛，小声地哼着催眠曲，回想起昔日送长子詹姆士到私塾念书的情景，一会儿蹙眉，一会儿又微笑起来。

入学那一天的艾萨克穿上了长及脚跟的黑袍，哭丧着脸，无精打采。一公里半的路程，是在脾气温和的外婆边哄边拉着他走完的。

史其灵顿私塾的老师是位年轻男子，史托克私塾的老师是史托克家的夫人，他们都拿着短教鞭，目光严厉。

男老师挥着教鞭，教"1 加 1 等于 2"。对艾萨克来说，算术并不讨厌，不过，有时也似乎很难。

"艾萨克·牛顿，1 加 2 是多少？说说看。"

被老师提问的牛顿慌张了起来。他脸颊发热，脑袋空空的，平常知道的事情，现在一下子变成难题了。

"是 2。"艾萨克颤抖着小声回答。

只听到老师的桌子啪一声响，他心想："糟了！"

三一学院内的牛顿雕像

"呀，是3。"另一回答，反射般冲口而出。

"艾萨克·牛顿，究竟是2还是3?"

全身血液冲上脑袋，艾萨克觉得耳朵嗡嗡作响，目眩舌结，一时竟不知道该怎么回答了。

"艾萨克·牛顿，转向那边。"

慌张的艾萨克被老师推着肩膀离开座位，走路时袍布缠着脚。然后，"啪"的一声，屁股被鞭子打了一下。打得虽然并不痛，但艾萨克却抽抽噎噎哭了起来。

"这么爱哭，怎么行?"老师大声呵斥。

"真爱哭!"

在其他学生小声的交谈中，艾萨克想回到自己的座位。

"艾萨克·牛顿，站在那边!"

艾萨克被罚站在门口，他红着脸低下头，心里恨起学校来了。

在史托克私塾被教写字的时候，他内心更惴惴不安了。要把嘴里说的话写下来，可真令人害怕。艾萨克觉得很难学习。字有大写和小写，也是件怪事。讲的时候没什么不同，可是写文句的时候，偏偏第一个字母必须大写。

"简直是莫名其妙!"艾萨克心里这么认为。

艾萨克对写字实在头痛极了，这还可以忍耐，可是下课前的一件事，倒真刺激了他。

"班伽明·杰佛列士，这里来!"

被叫到的孩子，看上去瘦得弱不禁风的样子。中年的女老师已举起了教鞭。

想必是他做错了什么事。艾萨克想起他在史其灵顿私塾的事情，向那个孩子投去了同情的眼光。

"今天是你六岁生日，没错吧?"

"是的。"那个孩子的声音微弱得像蚊子。

"那么，要举行六岁的祝贺仪式，趴在地上吧。"

穿着黑袍的班伽明手撑地板，屁股高高耸起。老师高举教鞭，"咻"的一声，在空中挥舞着。

"1、2、3、4、5、6。"

教鞭抽过屁股尖锐地响了六次。

"好了，站起来吧!"

那孩子青白的脸上，有了一抹红光，好像是感到满足。艾萨克一直屏住的气息，这时才大口地呼了出来。

回家后他对外婆说："学校是个奇怪的地方。"

由外婆一手养育的艾萨克，爱撒娇而内心胆怯。他常常木然不动，很少因为顽皮而吃上鞭子，但上课时总是心不在焉，老是在做白日梦，不知道老师讲些什么。

"那个家伙是个迟钝的呆子。"同学们都这么以为。

艾萨克从不跟人交朋友，一放学就回家，专注于喜爱的劳作，因此自然而然地离群落单了。

当然，艾萨克不会在意被同学们评说了什么。

身体不大不小，不顽皮，成绩也平常，所以老师眼里的艾萨克没有什么突出的地方。

"艾萨克·牛顿好像被孩子们认为是迟钝的呆子。"

"孩子们说得妙啊。"

史其灵顿私塾和史托克私塾的老师们都这么想。

艾萨克从来不理会老师和同学对自己的印象，每天都像是被慈爱的外婆推出来似的，往返三公里去上学。一回到家里他就静静地去思考自己喜欢的事情。

# 可怕的铁骑兵

小艾萨克只要从学校回到家，精神就来了。他总是不声不响地跑进自己的房间，拿起锯子或锤子，去做自己喜爱的木匠活。

艾萨克起初做些箱子、架子等就能感到满足。不久，他对这类东西感到厌倦了。

他常从山丘上下来，眺望河流。河水冲击在岩石上激起白白的泡沫，卷起漩涡，分成两道流动的水流。这种自然现象，不知为什么，总使他心里很感动。

"对了，来做些会动的东西。"

艾萨克比别的孩子更容易被会动的器物所吸引。不过，对于流动的水，他却不知道该如何处理。

"做什么好呢？"

艾萨克蜷坐在瓦萨姆河岸，做这个也不行做那个也不行，他不停地思考着。突然，他的脑海里闪现

![1689年的牛顿]

1689年的牛顿

起曾经见过的那种非常威风的四匹马车。

"马车倒是很好。"他自言自语地念着。

以一个小孩子来说，怎么能做马车？艾萨克决心制作四轮车以代替马车。

艾萨克和别的孩子不一样，他连一个朋友也没有。不管他想做什么，总得靠自己的力量来做。成功了，自己独个儿欣赏；失败了，自己一个人失望。

要做四轮车，得准备很多材料。木板、支柱、铁钉、螺旋夹等必需用品得搜购齐全。艾萨克把每个星期天得到的零用钱全部投入进去，一点一点地购集着材料。

无论如何，要做一架可以乘坐的车子，这可是一件大工程。艾萨克暗暗下定决心，于是他把工作场所从自己房间搬到仓库。也不去管学校的课程了，一回到家，他马上就会钻进仓库里去。

"艾萨克，你好像是为了四轮车而生活嘛。"外婆看到他这个样子，忍不住说道。

不管被外婆说什么，艾萨克只是微笑着点头。这次可能是为了要做会动的东西，艾萨克工作时的心态有点不同了。

看到仓库到深夜仍有灯光的时候，外婆总会担心地前往窥视。她先在门外探望了一会儿，然后故意咳嗽了几声，打开门说："哎呀，还在做吗？早点休息吧，否则对身体不好啊。"

"好的。"

为了使多虑的外婆放心，艾萨克像换了个人似的，会很干脆地答应。外婆也就不再啰唆，边走边回头，脚步轻轻地回到房间里去了。

四轮车的制作，最难的部分是车轮。把几块厚木板锯成圆弧，然后合并成圆板，这就是车轮。接着组合四轮车的车架，然后在两个车轮中心安上车轴，在前后两个车轴的上方放上车架，车架四面围以木板，四轮车就完成了。最后再安装简单的刹车。

当一大堆马铃薯装上四轮车，从田间坡路咔啦咔啦滑下去的时候，外婆高兴得拍起手来。可是这位小木匠却感觉好像有什么地方不合心意似的，眉头一皱。

"是车轴不对劲！"

克伦威尔的铁骑军

艾萨克从坡下把四轮车推了回来，仔细检查车轴的状况。因为车轴和车轮相接处，会稍微左右摇动。

艾萨克细心地修正之后，坐上了四轮车，从山丘上滑动下来，在春风中疾驰而去。只见金黄色的麦穗，流水似地向后飞逝。

速度愈来愈快，车子也摇晃得愈厉害，艾萨克有点害怕，正想去拉刹车，突然眼前出现了两个骑兵。

用铁甲紧护身体的两个大汉，骑在马上，手持长枪，好像在等四轮车似地睨视着这边。

不知道发生了什么事情，艾萨克仓促间突然决定冲过去算了。于是没有去拉掣刹车，想以飞快的速度从马旁疾驰过去。

"等一下!"

被两位骑兵瞪着,车子还是飞快地疾驰,怕得发抖的艾萨克被大得像破钟似的声音一喊,不禁用力拉住刹车。再怎么坚固的四轮车也禁受不住。

哗啦哗啦,四轮车翻倒了,车体四分五裂,艾萨克艰难地从车下爬出来,两个骑兵也策马赶了过来。

"伤得怎么样?"

"啊,没怎么样。"

艾萨克低下了发青的脸,回答的声音像蚊子叫。两个膝盖一直在发抖。

"你是这个庄园里的孩子吧。"

"是的。"

"庄园主在不在?"

"庄园主?"

"大概是你的父亲吧。"

"我的父亲不在了。"

"到哪里去了?"

被大声怒喊的艾萨克,此刻差点站不稳倒了下来。

"已经死了。"

"什么时候死的?"

"在我生下来之前。"

"你后来的父亲在么?"

"没有在。"

"不会只你一个人吧,住在庄园里的还有谁?"

"只有外婆和我而已。"

问了这些话之后，两个骑士互看了一下，说了一声"好了，你走吧"，便策马奔向河那边去了。

艾萨克放下了心，也不管路旁的四轮车残骸，喘着气跑回家去。

"外……婆……"

拖着伤痛的脚回到家的艾萨克，抓住了门框，声音哽住了。

"怎么啦，艾萨克?"

在喂马的外婆看到这种情景一脸的惊讶。

"哎呀，怎么搞的? 全身都是土，还有这个膝盖。"

外婆蹲在外孙前面，指着受伤的膝盖说："呀，都是血嘛。"

膝盖破了，正在流血。被外婆一说，突感疼痛的艾萨克禁不住抽噎了起来。

"怎么回事啊，艾萨克?"外婆一边察看着伤口，一边以平静的口气询问道。

"被骑兵捉到了。"

艾萨克一边说着，一边心神不定地往山丘下偷望着。

"哦，在什么地方?"

"到河边的途中。"

"是不是想来这里?"

"他们问庄园主在不在。"

"嗯，接下来呢?"

现在轮到外婆不安了。她也顾不得外孙的伤口，频频望着来路。

"那，你怎么说?"

"我说已经死了。"

"那以后呢?"

"……"

艾萨克根本就没发觉骑兵早已回去。

"他们为什么要捉我呢?"艾萨克天真地问道。

"因为你父亲是保王党。"

"保王党是什么?"

"查理一世陛下那一派的人。"

"嗯。"

艾萨克对这种事情似乎不感兴趣。

"外婆,替我绑上绷带。"

"好,好。"

外婆这才想起来,慌忙拿了消毒用的白兰地和干净的布条进来。

"好痛啊!"

艾萨克大声地叫着。伤处愈来愈疼,血还在流,所以也不能怪他。不过从这件事似乎可以看出,艾萨克没有胆量,也很怕事。

"是不是铁甲骑兵?"

"嗯。"

艾萨克的声音还在颤抖。

"没有错,一定是克伦威尔的铁骑兵。"

艾萨克非常佩服外婆的沉着,心已经镇定下来了。

艾萨克诞生的那一年开始,清教徒革命的风暴,仍然在吹袭全国各地。所以,被认为是保王党的牛顿家,经常受到议会军的关注。

从窗口窥视，判定没有骑马的士兵之后，艾萨克和外婆一起出来，好像小偷似地察看着周围，然后下山去取已经摔坏了的四轮车。

# 自制日晷仪

艾萨克从未被人呵斥过，也从未被人责难过。他虽然知道什么是悲哀，但从不知道什么是恐怖。艾萨克，见到了身着黑亮亮铁甲的骑马大汉，是一次意想不到的经验。他第一次被人呵斥，第一次感到恐怖。从此以后，艾萨克常因噩梦而呻吟。

"外婆，骑兵很讨厌吧?"

"是的，战争最讨厌了。"

"我也讨厌打架。"

艾萨克害怕再碰见铁骑兵，不敢再往外乱跑。瓦萨姆河的流水已不像以前那样吸引他了。在不知不觉间，他忘记了想做会动的东西。

逃跑似地从学校回来后，就坐在窗边眺望着外边的景色，拿起笔来写生，这已成为他的新爱好。田地缓滑如波，树林散布其间，点缀了四周单调的景色。

在涂抹水彩颜料的时候，艾萨克注意到了各种颜色。他发

剑桥大学里从牛顿家乡移植来的苹果树

现了类似颜色之间的微小差异。他在绿色颜料中，混以黑色、黄色或红色，却老觉得这也不是那也不是，艾萨克被颜色弄得团团转。

小画家画了庭院里的苹果树。又到苹果树的树荫底下对这座白石小屋写生。攀缘在墙上的葛藤，夏绿秋红，颜色变化多端，吸引了艾萨克的注意。

秋风吹落枯叶的时候，画笔被丢在一旁。

他拿一支直直的树枝，竖立在北风吹不到的向阳地面。他一个钟头、两个钟头地趴下去观察枝影。

"艾萨克，吃饭了。"

外婆用围裙擦着手，从窗口呼叫的时候，常会被艾萨克纠正说："比昨天早得多了。"

"不会吧。"外婆不相信他的话。

"我知道得很清楚，早三十分钟。"

"怎么知道的?"

"昨天在这里，今天是在这里啊。"他指着地面的树枝阴影说。

"嗯，有这么一回事么?"

外婆心中很惊讶外孙的聪明。

这样的艾萨克，在学校里面竟被同学们说是呆子，真奇怪!唯有史托克私塾的史托克夫人，她和学生们及其他老师不同，看出艾萨克是一个不平凡的儿童。

"艾萨克，在家里玩什么?"

史托克夫人时常这样问。艾萨克通常不说话，只是展颜一笑。史托克夫人注视着艾萨克害羞的脸，判断他是否有满意的收获。

学校里面的艾萨克，只是等待放学而已。

可能是他在画苹果树的时候，已经注意到影子的移动，所以发生兴趣，放下画笔，改而研究日影的变化和时间的关系。

艾萨克在地面上直立树枝，详细观察了日影和时间的种种关系以后，又改用木板代替树枝，使它靠墙斜立于地面。

入冬以后，晴朗的日子很少。即使碰到好天气，却也寒风刺骨，好像要阻止艾萨克做实验似的。艾萨克虽然是怕东怕西的孩子，但因为兴趣，却变得很勇敢。他在长袍外面套上有帽子的披风，以锐利的眼光注视着白色墙壁上冬季日影的移动，忘记了寒冷，直到日落为止。

其间，艾萨克又在壁上画了刻度。

圣诞节又来了，艾萨克迎接了他的第9个生日。学校已经放假，所以他一大早就到庭院里等待日出。整天担心着微弱的日光会消失，双目注视着淡淡的日影。

好久没有见面的母亲由丈夫史密士牧师陪着，一道来过节。眼前摆着丰盛的圣诞晚餐，艾萨克依然沉默安静，没有高兴的样子。

"是不是生病了？"

"平常就是这样子，在想事情呢。"外婆代他回答。

艾萨克有比圣诞节和生日更为重要的事情。

艾萨克家的庭院里，有好几块大石头，其中一块大而平的石头，被这个怪孩子选中了。只要天气好，他就携带凿子和铁锤在这块石头上"吭吭吭吭"地敲凿起来，白色石粉向四方飞溅。起初，这个初学的石匠为了保护眼睛工作进行得很慢，但他从不被工作所难倒。

在冬天的庭院里工作非常艰苦。雪天当然无法工作，即使是晴天，如天气寒冷，拿锤子的手也会冻得僵硬，而且很容易发生意外。因此，这位不熟练的石匠，工作时常中断，但他决不放弃目标。

"你做什么？我一点都看不出来。"外婆常常问他。

"就会知道了，外婆。"艾萨克头也不转地回答。

天津民族中学校园里的牛顿雕塑

艾萨克细眯着眼以防石粉和石片飞入眼中，好奇的外婆也眯着眼在一旁观看。

一天一天，艾萨克很有耐性地雕刻石头。石工和木工大不相同，进度很慢。

"会做成什么东西？不是跟昨天一样吗？"

"再想想看嘛。"艾萨克装迷糊。

"好像是锅盖。"

"咦，好像是数目字嘛，到底是什么？"

外婆把头歪来歪去怎么也想不通。

想到可爱的孩子会不会是被铁骑兵吓坏了脑筋，外婆曾仔细观察过他的眼神有没有异样。

艾萨克处理的石头是一块石灰岩。正面接受到日光的时候，白色石面会发生强烈反射从而刺痛眼睛。艾萨克的眼睛常因光耀而晕眩，或因灰粉飞入而刺痛。握着锤子的手都生了茧，真是辛苦不堪。可是，艾萨克的精神不会因此而挫顿。因为不久将要完成的作品强有力地支撑着他。

有一天，从学校飞奔归来的艾萨克大声呼叫："外婆！请来帮帮忙。"

他拿了两根棍棒到石头旁边，对外婆说："要靠墙竖立起来。"

要用两根杠杆搬动石头到房子的墙壁。以九岁瘦弱的少年和年老衰弱的外婆的力量，工作进行得很慢。外婆终于放下工作，回厨房准备晚饭去了。

第二天清早，祖孙团队同心合力地在房子南方的墙壁上，成功地把石头紧紧靠上竖立了起来。

朝阳刚升起，像锅盖的石头中央的小突柱的影子被投射在刻有数目字的石面上。外婆双手叉腰，莞然一笑说："很好的日晷仪！我马上就叫爱丽莎来看。"

外婆现在已经知道外孙子的作品是什么东西了。

老人家的眼光没错，这一个日晷仪做得很精确，赞叹的不只是邻居爱丽莎。

史托克夫人对于自己的判断没有错误而感到高兴，舅父詹姆士牧师还要求在他的教会里装上一个日晷仪。

正如牧师所愿，这个日晷仪后来搬到柯斯达教会，嵌装在管风琴正后面的墙壁上，至今仍如原状保存着。

## 背景知识

### 日晷仪

日晷仪是利用太阳投射的影子来测定时刻的一种计时仪器，又称"日规"。它通常由铜制的指针和石制的圆盘组成。铜制的指针叫作"晷针"，垂直地穿过圆盘中心，起着晷表中立竿的作用，因此，晷针又叫"表"，石制的圆盘叫作"晷面"，安放在石台上，呈南高北低，使晷面平行于天赤道面，这样，晷针的

**日晷仪**

上端正好指向北天极，下端正好指向南天极。在晷面的正反两面刻画出十二个大格，每个大格代表两个小时。当太阳光照在日晷上时，晷针的影子就会投向晷面。太阳由东向西移动，投向晷面的晷针影子也慢慢地由西向东移动。于是，移动着的晷针影子好像是现代钟表的指针，晷面则是钟表的表面，以此来显示时间。

由于从春分到秋分期间，太阳在赤道的北侧运行，因此，晷针的影子投向晷面上方；从秋分到春分期间，太阳在赤道的南侧运行，因此，晷针的影子投向晷面的下方。所以在观察日晷时，首先要了解两个不同时期晷针的投影位置。

世界上最早的日晷仪诞生于6000年前的巴比伦王国。中国最早文献记载是《隋书·天文志》中提到的袁充于隋开皇十四年即公元574年发明的短影平仪即地平日晷仪。赤道日晷仪的明确记载初见于南宋曾敏行的《独醒杂志》卷二中提到的晷影图。

这种利用太阳光的投影来计时的方法是人类在天文计时领域的重大发明，这项发明惠及人类达几千年之久，然日晷仪有一个致命弱点，就是阴雨天和夜里是没法使用的，直至1270年在意大利和德国才出现早期的机械钟，而中国则在1601年明代万历皇帝才得到两架外国的自鸣钟，清代时虽有很多进口和自制的钟表，但都为王公贵族所用，一般平民百姓还是看天晓时，所以彻底抛却日晷仪，看钟表知时光还是近代的事。

# 清苦的童年

艾尔斯索普的宁静，即使是清教徒革命顶点的时期，也没受到太大的骚乱。当查理一世被杀、革命结束、奥利巴·克伦威尔取得政权以后，艾萨克再也不必担心铁骑兵了。

缺少变化的牛顿家，唯一的变化是艾萨克一天比一天长大。主持家事的外婆开始注意孩子体力的培养。

"艾萨克，帮一下忙。"

被叫的艾萨克乖乖地听话，拿锄头、挤牛乳、拉马缰等，什么都肯做。

和外婆一起搭乘载货马车，到格兰萨姆镇出售蔬菜水果是最令他兴奋的事情之一。当然，这都是在赶集的日子。马车一到镇里的广场，先找个好地点把马拴住，然后搬下货物。这些大多是田里收获的，但也有乳酪、牛油等。于是外婆和艾萨克就在大席子上把玉米、南瓜、马铃薯等分别堆成色彩丰富的几个小山堆。露天摊布置好了，艾萨克和外婆就坐在摊子后面，等待顾客光临。

在紧密排列的露天摊子中，盛装的男女不断地来来往往，左顾右看，挑选商品。轻松热闹的气氛，使得人们乐意打开钱袋。

除格兰萨姆镇民以外，附近乡村的人也逐渐云集。有巧遇久未见面的亲友们的热闹寒暄，也有吵架喧哗的场面，更有小孩子连跑带跳的情景。

人愈来愈多，声音也跟着愈来愈嘈杂，集内所有的人都感到头晕目眩。市集的热闹，艾萨克又喜欢又讨厌。

每当他见到有人站在自己摊位前的时候，就会害羞。在艾尔斯索普，即使到教会去，也见不到这么多人。

蔬菜水果堆愈来愈小的时候，艾萨克就动起脑筋来了。

"外婆，回去的时候买水彩颜料、铅笔……"

"好吧，今天你帮了不少忙。"

牛顿纪念银币

心地慈善的外婆因为钱袋越来越重，心情很好。

卖光了的人、整理剩货的人，都忙着收拾准备回去了。

"我们也该收摊了，只剩下这些。"

外婆把最后的小堆苹果便宜地卖给路过的中年妇女，很满意地收摊准备回家。

"时间还早，我们去买东西吧。"

勤快的外婆带着艾萨克到文具店去买东西了。

咔啦咔啦！咯噔咯噔！

与来时一样，载货马车的行列陆续行进。在蒙蒙尘埃和辚辚车声中，传来活泼愉快的歌声，外婆合着节拍摇晃着身体。

只有艾萨克一人不合群。

"外婆，我想到那边去看看。"

坐在粗糙的驾驶座，因一天的疲劳而在打盹的外婆惊醒过来，擦着眼看着外孙所指的方向。那边有高大的风车，在秋风中静静地转动。

"离群落单了怎么办?"

外婆对风车没有兴趣，她更担心这一路上的强盗。如果跟大队行列在一起，就不怕被劫了。

这个风车是磨房用来磨小麦的，吸引了不少旅客来观赏，是格兰萨姆的名景之一。

艾萨克开始思考风车的构造，脸色严肃地挽辔而行。

"外婆，等一下……"

少年摇醒了外婆，交代了缰绳，把藏在口袋内的水彩颜料和两支铅笔小心翼翼地拿了出来。四个四方形小瓷皿内，各放着一色颜料。艾萨克放在手掌上看了又看，笑着说："只要有这几色颜料，什么都可以画了，外婆。"

"那太好了。"

慈祥的外婆，也像外孙一样高兴。

艾萨克手握银铅笔，在纸片上画风车。隐在树林里看不见的磨房也画了进去，又再画上自己猜想的机械构造。这里一线那里一线的，变成一幅奇怪的图画。

当外婆被这一幅又像素描又像设计图面的东西所吸引的时候，艾萨克吓了一跳。

"小心啊!"

艾萨克怕外婆分神，不能专心驾驶，特地提醒她。

外婆马上警觉起来，小心地控缰催马往前走。

艾萨克的马不知道什么时候发现路上有玉米，就驻足歪起嘴嚼了起来，这个意外的美食是从前面爱丽莎的马车上滚落下来的，使得后面马车上的汉子大声吼叫。

马匹被惊得快跑了起来，车摇晃得很厉害，而且道路又太坏。

艾萨克把铅笔放进口袋里，对着图凝视，推想风车是怎样把小麦磨成粉的。

"艾萨克，想不想去格兰萨姆的学校？"

突然被外婆一问，艾萨克眨了几次眼。

"我讨厌学校。"艾萨克不满地说。

"你准备耕田过一辈子吗？"

已经十一岁的艾萨克，可以判断自己适不适合耕作。当他被外婆这么一问时，反而答不出话来。

"不管是做牧师也好，当医生也好，都得中学毕业才行啊。"

青年时代的牛顿

"……"艾萨克依然沉默不语。

"做画匠或者是木匠吧！"

被这么一说，艾萨克更为慌乱失措。

"如果我去格兰萨姆的话，外婆就孤单一个人了。"艾萨克感慨地说。

"我已有打算了，到时再说吧。"

外婆说话的神情好像有一种落寞。

"我会好好想一想的。"艾萨克似乎已经定下了心。

"对的，好好想一想吧。"

艾萨克默默点头。

10公里对马车来说也是相当远的路程。不知不觉已近黄昏，马车的行列愈来愈稀疏了。

远远地望去，越过瓦萨姆河谷的遥远的彼方，在夕阳映红的天空中，耸立着白石小屋。

艾萨克手握铅笔，在刚才的纸片边上写了几句话，诸如"红色的云彩""余晖夕照""山近黄昏"等等。他竟然想作诗了。

外婆和少年的脸，在夕阳下映得红红的。

## 背景知识

### 风　车

风车也叫风力机，是一种不需燃料、以风作为能源的动力机械。古代的风车，是从船帆发展起来的，它具有六至八幅像帆船那样的篷，分布在一根垂直轴的四周，风吹时像走马灯似地绕轴转动，叫走马灯式的风车。这种风车因效率较低，已逐步为具有水平转动轴的木质布篷风车和其他风车取代，如"立式风车""自动旋翼风车"等。

两千多年前，中国、巴比伦、波斯等国就已利用古老的风车提水灌溉、碾磨谷物。12世纪以后，风车在欧洲迅速发展，通过风车（风力发动机）利用风能提水、供暖、制冷、航运、发电等。

中国古代风车具有明显的特点，除卧式轮轴外，风帆为船帆式。帆并非安装于轮轴径向位置，而是安装在轴架周围的八根柱杆上。帆又是偏装，即帆布在杆的一边较窄，在另一边较宽，并用绳索拉紧。利用绳索的松紧和帆的偏装，它可以利用逆风，如同在船帆中一样。这种装置方式使帆可以自由随风摆动，而不产生特别的阻力，帆在外周转动的有效风力作用范围，超出 180度，开始转入顺风，帆还可以利用部分风力少量作业。这种船帆式风车的特色，为中国所独有。

公元 7 世纪在西亚——大概在叙利亚，建造了第一批风车。世界上的这个地区有强风，几乎总是朝着相同的方向吹，因此就面向盛行风而建造了这些早期风车。它们看上去不像如今所见到的风车，而是有着竖式轴，轴垂直排列着翼，与旋转木马装置上排列的木马很相似。

12 世纪末在西欧出现了第一批风车。有人认为，在巴勒斯坦参加了十字军东征的士兵们回家时带回了关于风车的信息。但

**风 车**

是，西方风车的设计与叙利亚的风车迥然不同，因而它们可能是独立发明出来的。典型的地中海风车有着圆形石塔和朝向盛行风安装的垂直翼板，它们仍用于磨碎谷物。

西方风车的不同之处在于翼板环绕着垂直面而转动，因为风在欧洲比在西亚较为变化不定，所以风车还另有一个机械装置，以使翼板面对着风来的方向转动。

风车在如今已很少用于磨碎谷物，但作为发电的一个手段正在获得新生。"装有发电涡轮机的农场"，是由驱动发电机的大型风车组成的。

近代风车主要用于发电，由丹麦人在 19 世纪末开始应用，20 世纪经过不断改进趋于成熟，功率最大达到 15MW。

# 第二篇　喜好发明

如果说我比别人看得更远些，那是因为我站在了巨人的肩膀上。

——牛顿

## 打败捣蛋鬼

最喜欢机械一类的东西，也喜欢绘画和作诗，可就是不喜欢学校的少年艾萨克·牛顿，在 12 岁的时候，终于决定进入格兰萨姆的皇家中学就读。

汽车、火车、电车都没有，只偶尔有长途驿马车的时代，不可能有通往学校的交通工具。艾萨克租下格兰萨姆的克拉克药局的二楼，以便就近上学。

中学校长是艾萨克念过的史托克私塾的经办人亨利·史托克先生。他是一位声誉很好的教育家，他对艾萨克也很关注，而药局主人的弟弟是该校的数学老师。所以，这种新的学习生活对艾萨克来说是很理想的。

在学校里的艾萨克，虽是个孩子，有时却像个顽固的老人，又像个呆呆的稻草人，过去的绰号——"呆子"，仍很适合他。他不交朋友，经常在想着什么，活泼的少年们看到他这副样子，就会感到讨厌，远离着他。

"呆子来了!"

同学们看到艾萨克，就故意大声喊叫。可是，艾萨克从不理会，一点都不放在心上。如此一来，调皮捣蛋的同学更想捉弄他。结果，他在学校里变成了恶作剧的对象。

至于老师们对他的印象如何呢？也认为他不值得称赞。因为艾萨克对学校的功课，一点都不放在心上。

艾萨克有他自己的生活，那是在药局的二楼。

除了呆在学校的时间以外，艾萨克的所有时间都是躲在药局的二楼。

锯子、凿子、刨刀、铁锤、水彩画具等重要物件都被他带到这里来了。

在药局二楼的另一房间里，住着一个年纪和艾萨克差不多的少女。是克拉克家的养女，名叫史托丽。

史托丽没有书桌，也没有书架。艾萨克大为不解。

"史托丽小姐，给你做个书架好不好?"艾萨克望着房间角落里的一堆书，吞吞吐吐地问道。

"真的？你会做吗?"

"嗯。"

艾萨克面红耳赤地小声应诺。于是随自己的意思决定了放书架的地方，量好了尺寸。

此后一个星期，艾萨克都在房间里面。他买来木板，刨好了之后组合成书架，最后是油漆。他就是每天忙于这些工作，只有在吃饭的时候和史托丽见面。

"艾萨克先生，你整天在房间里面做什么？"

"学学木匠的手艺。"

"是不是在做我的书架？"

"是，是的。"

艾萨克高兴地说着，竟然把没叉上食物的叉子放到嘴里。

"啊!"

史托丽看见他那副样子，惊异得睁大了眼睛，接着嫣然一笑，羞红了脸。艾萨克感到很不好意思，草草吃完就赶回房间，比平时更用力地敲钉子。

艾萨克尽心做好的漂亮书架，不久就装置在史托丽的房间里面了。

"再做一张桌子给你吧。"

"谢谢，艾萨克先生。你好像是家具店的推销员了。"

史托丽无限欣喜，当然，艾萨克也很高兴。

他利用上学的余暇，做了一张小桌子，花了三个星期时间，可是做工很好。

"艾萨克，你的手工真好!"

药局主人一看到桌子，赞不绝口。

"还有，耐性也真好。"

对艾萨克的死气沉沉有点不满的克拉克夫人，发现了他的长处之后，态度上转变多了。

替史托丽做完了书桌，艾萨克又兴起另一个念头。那是每逢赶集就引起他注意的风车。艾萨克非常想去看看风车，可听外婆说路上有强盗，就只能惦念于心。

"史托丽小姐，你去过风车那个地方没有？"

有一天，他终于鼓起勇气试探了一下史托丽。

"有呀。"她回答得很干脆。

史托丽看出了艾萨克的心意，自愿带路。风车在镇内，从来没有强盗出现。艾

17 世纪的英国水车

萨克知道了之后，趁同行的少女不注意的时候，尽情嘲笑自己。

进入风车磨房后的艾萨克极为仔细认真。他从头到尾一点不漏地观察，想把机械的结构准确地印在脑海里面。也许是怕装进脑中的事物会逃逸，归途中的艾萨克变了。史托丽跟他讲话，他却答非所问、爱理不理，史托丽差一点就要发脾气。

看过风车归来的艾萨克，照例躲进二楼自己的房间里面。如果不把风车磨房中见到的机械好好地在大张纸上画下来，就无法定心。深夜里画好了，用图钉钉在壁上，心满意足地观赏。在暗淡的烛光中，露出了谁也没见过的笑容。

第二天，这幅机械图被克拉克夫妇看到了。

"你对机械知道得很详细嘛。"药局主人说。

夫人则以夸张的表情在欣赏。

在那个时代，还没有出现蒸汽机或发电机，像那种磨粉机或手织机可以说是最复杂的机械了。

德国有一个城市叫作马登堡，市长名叫奥特·冯·格利克，他把两个铁制的半球并合在一起，抽出球中空气后，用了16匹马才把两个半球拉开分离。这一个历史上称为"马登堡半球"的实验，刚在前年进行。

当时就是这样的时代，所以也难怪，仅仅画了风车的机械图，就被夸赞为对机械很内行了。

艾萨克知道从这时候起，克拉克家的人们不但不以为他是呆子，反而认为他很有才能，因此心情就放松了。

于是，在这些人的面前，艾萨克也像在艾尔斯索普的外婆面前一样，会流露真情。不过，因为没有可以撒娇的对象，所以表情还多少有点生硬的样子。

继风车图之后，艾萨克接着画了水车的图，并着手制作水车了。

刚入冬的某一个晴朗的星期天，做完了礼拜，艾萨克和史托丽并肩走到教会后院的墓地。他从草木丛中，把前天隐藏好的水车拿出来。

"呀！"

史托丽不禁为细巧的手工睁大了眼。了解了艾萨克邀她来的原因。

"一定是会转的。"

史托丽已经猜到水车要装在后院小溪流中。

艾萨克已备好了轴承，水车一装好就迅速地转动了起来。艾萨克用被水浸湿的双手捧着脸颊，一直凝视着。史托丽也全神贯注于飞快旋转的水车上。

"喂，呆子！今天和女孩子在一起，好得意啊！"

如在梦中的两人听到背后的声音回头一看，原来是校中有名的捣蛋鬼贾治。

"什么？"

艾萨克狂怒地握拳以待。

"好，要打吗？来吧！"

贾治的声音有奇妙的威慑力，艾萨克不得不犹疑起来。不料，就在这时候贾治突然飞起右脚，强有力地踢中了艾萨克的肚子。

"喔！"

艾萨克两手抱腹，弯下了身子。

史托丽看得慌张失措。趁贾治被她分神的时候，艾萨克使尽了全身力气，右手对准贾治的下巴就是一拳，看见对方口角流血，艾萨克发狂似地抱住对方的双脚，捣蛋鬼被冲倒了，脑袋差点撞到墓地的白漆

在思考问题的牛顿

木栅。不，撞到了也说不定。贾治双手抱住自己的头，艾萨克飞快地转到他身后，双手交叉绞住对方，把他的脸用力地压向木栅，使鼻子破裂，血流如注。

"不要打了！"

史托丽的一声叫喊，使艾萨克清醒过来，他站起来拂去衣服

上的泥土。

在女孩子面前被打败的捣蛋鬼，一副惨兮兮的样子，低下头悄悄地走了。

艾萨克感到心里郁积的闷气，好像一下子发泄光了。

"沙沙……沙沙……"

水车仍然自管自地转，不理会周遭的事物不停地旋转着。

艾萨克走到水车旁，用准备好的木板挡住流水，做成了一个小瀑布。把水车移到瀑布下，水车旋转的方向倒转过来了。他想："水车的这两种装置法，到底哪一种好呢?"这个问题实在太难了!

"史托丽小姐，回家吧。"

艾萨克以从未有过的开朗声音说道。他一手拿起水车，一手拉着史托丽的手，脚步轻快地返回药局。

艾萨克向来是一想到打架就感到讨厌的，并不是因为没有把握打胜。可是现在怎么样呢? 事实上打了架，而且把对方彻底打败了，事后想想，非常难过。

"没有比和人争执更讨厌的了。以后不要与人结仇，不再种下争执之因，也不要卷入争执中。"

艾萨克深深地自我反省。若非对方先行动粗，他是会去道歉的。他曾想到要去向贾治道歉。

"艾萨克的性情好像变了!"

"似乎一下子变得开朗了许多，太好了!"

"好像是星期天和史托丽在教会游玩以后的事嘛。"

"对啊。"

"发生过什么事吗?"

"我以为是有什么高兴的事，但好像又不是，衣服弄得脏脏的，史托丽曾悄悄地替他弄干净。"

对于克拉克夫妇来说，这位房客心情的变化，犹如一团迷云。打架的事件，艾萨克和史托丽一直都想保密。

# 彗星恶作剧

对这位少年来说，自从打架以后，过去的一切都好像不太对劲。艾萨克不做劳作，想早日忘掉不愉快的事，他开始写诗和绘画。

艾萨克的诗很糟糕，不论如何苦心思索，写出来的诗总是支离破碎，自己也感到不满意。最后，不得已向药局主人借书来看，遇见了中意的诗，就把它抄录下来钉在墙壁上，边看边朗诵。但，不是自己作的，总觉得意犹未尽。

有次他手拿木炭，想描绘外婆的脸。想象她在艾尔斯索普的白石小屋中，和一个男佣人过着孤苦伶仃的生活。艾萨克用心描绘，但总是画不像。自以为熟悉外婆的发型、弯曲的眉毛、耳朵、鼻子、眼睛等的形状，但就是画不出来。

艾萨克失望了，不再画外婆的肖像，改画校长的脸，因为他经常戴着相同的假发，这种脸形应该比较好画。改来改去，总不像史托克校长的脸。桌上两支蜡烛，有一支已经烧完，光线随之暗了下来。这位小画家放下了笔，靠上椅背，眯眼凝视苦心画出的肖像，愈看愈像呆子，他觉得非常好笑。心想：明天到学校要好好看看校长的脸。想到这点的时候，剩下的一支蜡烛熄灭了，他不得不躺到床上去。

与诗一起钉在墙壁上的外婆和史托克校长的肖像，在窗口透进的月光下，栩栩如生，艾萨克满足地进入了梦乡。

翌日，艾萨克到了学校，他以一种与平常不同的眼神端详着校长。

"我的脸粘上了什么东西吗？"史托克校长抚摸着胡须问道。

"不，不是的。我想画您的肖像。"

"哦，画好了给我看看。"校长用手按着艾萨克的肩膀说。

艾萨克抬头看着校长，微微一笑。他惊异自己居然能把心里所想的顺口说出来。

从此，艾萨克的性情有了改变，不再不理会学校里的功课了。他开始和班里的同学交往讲话，再没有人叫他"呆子"了。实际上，艾萨克不但不是呆子，相反地，他的课业成绩愈来愈好。

教会庭院里的白杨纷纷落叶，枫叶由绿转红，白昼越来越短了。

皇家学校在每天清早要做弥撒，师生都不能缺席。在这日短夜长的季节，早上到学校时总要走暗路。大家借着暗淡的星光，慢慢行走时，有一个学生提着灯走了过来，前面的学生驻足等待，一看，原来是艾萨克。

"很妙嘛！艾萨克。"

"是很方便，可以走快，又不会跌倒。"

"在哪里买的?"

"我自己做的，很简单!"

"我也想要。"

"好，我帮你做一个。"

艾萨克一口答应了。他为了做提灯，通宵不眠。

不久，黎明前的格兰萨姆镇出现了学生们的提灯行列。

就在这个时期，镇里到处传说："一定有什么不祥的事要发生了。"

"真的，怎么办?"

"我们凡人只好听天由命了。"

"如果流行鼠疫，怎么办?"

"到时候只有弃家而逃了。"

夜间上街的镇民，都非常恐惧。因为天空出现了代表凶兆的彗星。

**神秘的彗星**

"这一定是我们的信念不够虔诚。大家一齐来祈祷吧! 天上的父啊! 请救救我们的灵魂。"

"阿门!"

"阿门!"

巨大的彗星，放射出令人不安的茶红色光芒，在遥远的天空中摇晃着，好像恶魔的火，有一股令人悚然的寒气。

"呀，好可怕!"

"一看到那可怕的彗星，就想昏过去。"

镇内，家家户户关起了窗户，放下了厚厚的窗帘，人人躲在屋子里。

不久，克拉克药局的后门，有个人影闪进去。那个可疑的人物蹑手蹑脚地走上二楼，进入艾萨克的房间。

原来，那个人影不是别人，正是艾萨克。他把多余的提灯，绑在风筝上，放到夜空里去了。

艾萨克的恶作剧，并没有很快地露出马脚。格兰萨姆的镇民，有好几个晚上，为了假彗星惊恐不安。

当克拉克夫妻愤怒地责备艾萨克的恶作剧时，他冷静地回答说："彗星到底会对人类产生什么影响呢？真正的彗星，就跟这些提灯一样，绝不是什么不祥之兆，何必迷信？"

艾萨克已经不是只精于工艺的孩子了。

# 风车与白老鼠

艾萨克这个喜好制作的孩子，总有一天会着手制作他向往已久的风车。

"既然要做的话，就要做得跟真的一样。"艾萨克这样想。于是他用布和木头为材料，做了一个可爱的风车模型。

有一天，他把风车模型装置在药局屋顶上。但是外表和内涵不一定相符。这个风车看起来很好。远看时就跟真的一样。可是，风再怎么吹也不转动，是死的风车。艾萨克感到很羞愧，趁人不注意的时候，赶紧拿了下来。

少女史托丽饲养了一只白老鼠。

"米琪，早。来，给你吃东西。"

她把白老鼠取名为米琪，就像家里的一份子一样地疼爱它。米琪经常跑来跑去，到处撒娇。

艾萨克又在动脑筋了。他想利用米琪运动时

研制风车的牛顿，正在静静地思索着

的力量做一个玩具。白老鼠是史托丽的宠物，如果能够为这个小动物做一个有趣的玩具，相信史托丽一定会喜欢吧。艾萨克脑海里浮现出少女温柔的笑容。

一旦决定了，艾萨克就要做到底。白老鼠的影子，在他脑海里不绝地绕着跑。他想："米琪一直在我脑里旋转，而不跑到脑外去，能够设计一个不管怎么跑也跑不出去的东西就好了！对了！那是车，米琪的车子。"

艾萨克脑子里已经有一个米琪一踏足就会转动的车子的构想了，现在只要利用木片、铁丝等材料就可着手制作了。

对手艺精巧的艾萨克来说，这种工作根本算不了什么。像小型水车的笼子很快就做好了。

"史托丽小姐，我想把米琪放在这里面。"

他把这个小玩具拿给史托丽看的时候，居然感到有一点不好意思。

"好啊。"

史托丽很信任艾萨克，一口答应了他。

艾萨克拔出一支车辐，轮辐间现出了空隙，史托丽让米琪钻进去。艾萨克重新把车辐按上去，这只性急的动物就跑了起来。

一直注视艾萨克手指动作的史托丽见到米琪不停地跑，车轴也不停地旋转，兴奋得跳了起来。

装有米琪的轮子疯狂地旋转着。

"太妙了！艾萨克先生。"

史托丽对艾萨克的创造力深感惊叹。

艾萨克动也不动，全神贯注地观察轮子运转的情形。

过了好一会儿，艾萨克开口了："史托丽小姐。从此以后，把米琪叫作密尔好不好？"

密尔就是"磨坊"的意思，这个车如果像水车或风车那么大的话，就可以把小麦磨成粉了，这就是小型的磨坊啊。

放白老鼠的笼子

"很好，很好！密尔，加油！"

史托丽没有反对的理由，其实，她心里早就准备什么都赞成的。替密尔加油，也就是为少年发明家加油。

白老鼠转动的笼子，现

在已经非常普遍，而且深受全世界儿童的喜爱。

事实上，在牛顿发明这个小玩具以前，就已经有人工的磨粉车和起重机了，但那是把人当牛马一样奴役着的中世纪。人是被动的工作，白老鼠则是主动使车转动，所以艾萨克的磨粉车仍然可以说是新发明。

白老鼠转动的车，不论是设计上的巧妙，还是小白鼠的奔跑的动作等等，都能引起孩子们的兴趣。艾萨克确确实实抓住了孩子们的心。

艾萨克的脑筋，像磨粉车一样快速地转动。当史托丽拍手赞叹的时候，他又在想别的事情了。那是他一直惦念着的死的风车。对了！何不用这个磨粉车来转动它呢？

艾萨克马上开始刨木头，声音惊动了史托丽。

"这次要做什么，艾萨克先生？"

"史托丽小姐，以后再把密尔借我用一用好不好？"

"好啊，做什么用？"

"想转动风车。"

"风车？"

"就是那个死的风车，我想让密尔转动转动。"

"那倒是蛮有趣的，究竟行不行呢？"

"把齿轮装在风车与磨粉车之间，契合得好的话，一定行的。"

"好像很有趣，让我来帮帮忙。"

经过了几天，两个小齿轮做好了。使它们以直角互相契合的框子也做好了。

用齿轮联系了风车和磨粉车之后，不知疲倦为何物的白老鼠马上奔跑起来使磨粉车转动，连带转动了风车。

"好像有风在吹着一样。"

模型风车，宛如格兰萨姆名景的风车转动着。

"史托丽小姐，谢谢。"

艾萨克衷心感谢，心满意足地紧握着少女的手。

"把它装在屋顶上，让大家惊奇一下。"

标有牛顿姓名的邮票

次日一早，全镇开始有动静以前，艾萨克带着它们到屋顶上，装好了的时候，小型的风车虽然没有风也转动了起来。

"把这个给密尔，肚子饿了很可怜!"

史托丽把装有麦子的小口袋系在屋顶上垂下来的绳子前端，让艾萨克拉上去喂白老鼠。

"密尔在吃了。"

"难怪不转动了。"

屋顶上下，他们大声交谈起来。

"密尔不把小麦磨成粉就吃掉了。"

"糟糕的磨粉者。"

两人哈哈大笑。

克拉克夫妇睡意犹浓地揉着眼睛走了出来，看到不该转动的风车竟然在转动，不禁又擦揉了一次眼。

# 水漏时钟

"克拉克先生，现在几点了？"其实没有时钟的不只是水果店，因为那个时代，在一定的时刻集合一起做事的，只有学校或教会而已。格兰萨姆镇没有工厂或公司，当然也没有火车。镇民只要日出而起、日正当中时吃午饭、日落而息就可以了。驿马车在出发前，会吹喇叭，上课或教堂开始礼拜也都鸣钟通知。所以，普通人家不必备置时钟。这种麻烦的东西，只要教会、学校和驿站置备了就行。

当时的时钟多半是沙漏时钟，克拉克药局里也有一具。沙漏时钟是将装有沙的容器上下叠置而成。沙通过两容器间的细管，从上方容器落入下方容器内。沙漏时钟的主人每天早上听到学校的钟声一响，就把下方容器内的沙全部倒进上方容器内，于是沙就开始流动，在下方容器的刻度上表示出时间。

艾萨克仔细观察克拉克药局的沙漏时钟，发现了种种问题。他想，水漏时钟会不会比沙漏时钟好呢？沙漏时钟很难使沙流的速度维持不变。上方容器内的沙量多少，足以影响沙的流动速度。沙量多时，沙粒间相互强力挤压，影响了流入细管内的运动，结果，沙漏时钟内沙的流动，有愈来愈快的倾向，这是很大的问题。

这一方面，水漏时钟似乎比较精确。只要尽可能开一个非常小的洞，让水一滴一滴地慢慢滴下来，上方容器中水的深浅几乎没什么影响，水的流动容易保持一定。

"我想做水漏时钟，这个箱子不用的话，能不能给我？"艾萨克指着空木箱，向克拉克夫人说道。

"水漏时钟？不是沙漏时钟吗？"

"是的，原理和沙漏时钟一样。"

"你发明的吗？"

自从制作了白老鼠的磨粉车以后，他被人们认为是发明家。

"不，不是我发明的，是在您家的书里看到的，是几千年前就有的时钟。"

药局主人有许多藏书。艾萨克借读的时候知道了水漏时钟的事情。

"你要做古代的时钟？"

克拉克夫人完全不懂艾萨克的想法。

"可能比贵店的沙漏时钟还好也不一定。"

"哦？真的吗？"

艾萨克向克拉克夫人讨来了差不多有自己身高的细长木箱后，请史托丽帮忙，搬入二楼的房间，开始制作水漏时钟。

水漏时钟需要上下两个水槽。艾萨克把木箱竖起来，在箱内较低的地方，做了上下重叠的两个水槽。

上槽底开一小洞，在上槽装入的水，就一滴一滴地滴入下槽中。

艾萨克没有在下槽做表示水深（也就是时间）的刻度。却在下槽中放置了一块几乎盖住整个槽面的木板，下槽中积了水，木板就会往上浮升。他又在这块木板的中心，竖立了一根把手似的长木棒，把它牢牢地钉住。当木板往上浮动时，木棒也就跟着上升。艾萨克是想利用这根竖立的长棒，转动钟盘上的指示针。

接着，艾萨克开始着手制作数字圆盘。他在木箱外表较高的地方凿一个圆圈，然后在圆上标示刻度和数目字。他又在圆圈中心开了一个较大的洞，嵌入钉上指针的圆柱。当然在箱后面木板上的同一位置也开个洞，以便放置圆柱的后端。圆柱由前后两洞支撑住，针就在数字圆盘上指向刻度。他用手指转动，针与柱就一齐圆滑地转动了。

"这样好了。"

艾萨克在即将燃尽的蜡烛旁边，竖立了一根新蜡烛，然后点上了火。在连接针与浮板上的长棒之前，凝视着数字圆盘上整齐的数目字。

艾萨克在下槽浮板上直立的长棒顶头钉上铁钉，再把细绳的一端紧系于钉头上，另一端绑一块小石块，挂在钉上了针的横向圆柱上，由于石头下坠的力量，使细绳紧紧地附着圆柱，向下拉直了。

"已经完成了，真好!"

向窗外一望，天已微明，不知不觉熬了个通宵。

艾萨克用手按着数字圆盘上的针，想要转动。

觉得这次与刚才不同，指针很有分量，那是因细绳与横向圆柱摩擦所致。

艾萨克非常满意，开心地笑了。于是躺在床上，等待教会钟响，不知不觉沉沉地入睡了。

"当当，当当……"

钟声响起，艾萨克马上从床上跳下。很快地把水装入上槽中，把针指向 6 点。

那一天正好是星期天。艾萨克随着克拉克夫妇和史托丽到教会去做礼拜。

教会中的艾萨克，本就不大像个信徒，而这一天更是过分，不断地唱错歌词，不时地向外张望。

礼拜完毕，艾萨克撇下克拉克家人，飞奔回药局的二楼。

针正指着 7 时 24 分。

"妙极了!"

对于艾萨克，没有比这个时候更高兴的了。这一新设计的时钟，能正确指示时间到"分"的程度，这是沙漏时钟绝对无法办到的。

兴奋的情绪略为平静之后，可以听到微小的水滴声，那是水滴在刻划时间的声音。艾萨克不禁走近时钟，凑上耳朵静听。

"艾萨克先生，你怎么了?"

史托丽喘着气奔进来。

"终于完成了我的水漏时钟。你看，现在是 7 点 29 分了。"

艾萨克的手指按在钟盘上，慎重地读出时刻。史托丽佩服地仰望着他的脸。

没多久艾萨克的水漏时钟在镇内就出了名，连没有必要知道时刻的人，也跑到药局的二楼来参观，史托克校长也来了，所有的人都赞叹不绝。

最有趣的是，赶集那一天，克拉克药局人潮汹涌。

附近来观赏白老鼠的风车和水漏时钟的乡下人，络绎不绝。白老鼠密尔在屋顶阁楼工作，参观者带来了玉米、小麦等饲料作为礼物，他们爬下小阁楼后就在药局买药，药局这一天生意鼎盛，前所未有。

但是，艾萨克的水漏时钟发生了不正常的现象。一两个月后，时钟的时间愈来愈慢了。艾萨克动了好几天的脑筋，终于找出了原因。原来是上槽槽底的小洞积聚了水中的污垢，以致流速减弱。

艾萨克做梦也没想到，这个时期的沙漏时钟和水漏时钟的研究，会在三年后被杂志公开地介绍。

### 背景知识

## 水漏时钟

水漏时钟在中国又叫作"刻漏""漏壶"。根据等时性原理，滴水记时有两种方法：一种是利用特殊容器记录把水漏完的时间（泄水型），另一种是底部不开口的容器，记录它用多少时间把水装满（受水型）。中国的水漏时钟，最先是泄水型，后来泄水型与受水型同时并用或二者合一。自公元 85 年左右，浮子上装有漏箭的受水型漏壶逐渐流行，甚至到处使用。

据埃及朝官阿门内姆哈特的墓志铭记载，此人曾于公元前1500 年左右发明了水漏时钟（一种"漏壶"）。容器内的水面随着水的流出而下降，据此测出过去了多少时间。这类时钟对祭司特别有用，因为夜里他们需要了解时间，不致错过在神庙内举行宗教仪式和献祭活动的既定时刻。现存最古老的水漏时钟是阿孟霍特普三世（公元前 14 世纪）统治时期的产物——1905 年在凯尔奈克的阿蒙神庙发现了它的残片。

　　水漏时钟是整个古代世界报时的标准方式，它于公元前 6 世纪传入中国。水漏时钟曾在雅典等城市成为一道常见的景观，如今在这些城市中已发现公元前 35 年左右建造的"城钟"的遗迹。这种钟的运行由一块浮标控制，当水从底部的一个小出口慢慢流出时，浮标也一点点地下沉。浮标大概与一根圆杆相连接。圆杆在下沉时使指示柄随之移动。通向水井的台阶的磨损程度表明，每天都要给蓄水池倒满水。

　　希腊世界也拥有较为精致的水漏时钟，发明家亚历山大的克特西比乌斯于公元前 270 年左右制造的水漏时钟即为一例。这台水漏时钟的水流由多个活塞进行精确控制，能驱动从响铃和活动木偶到鸣禽等各种自动装置——这或许就是最早的布谷钟！雅典的"风之塔"是天文学家安德罗尼卡于公元前 1 世纪初所建，顶部有多座日晷，内部有一只复杂的水漏时钟，时间在刻度盘上显示，围绕刻度盘转动的圆盘可显示恒星运行和一年中太阳在各星座中间运行的轨迹。

　　后来，伊斯兰世界制造了华丽的水漏时钟。哈伦·赖世德曾派使臣由巴格达启程，将一台特别精致的水漏时钟送往神圣罗马帝国开国皇帝查理大帝的宫廷。11 世纪，阿拉伯的工程师在西班牙的托莱多建造了一对大水漏时钟，钟上有两个容器。月满时，水慢慢注满；月缺时，水慢慢排干。这些水漏时钟结构精巧，历时百年而无须校正。

# 返乡务农

艾萨克的中学时代，可说是多彩多姿。

可是，学校老师们对他的看法，颇有出入。校长和克拉克夫人的弟弟认为他是优秀的少年，另外一位老师却认为他是低劣的学生。

入学初期的艾萨克，被认为是差学生，几乎全校师生都认为他跟不上同班的同学，将会被留级。

打架的事件以后，艾萨克的为人整个改变了。但是，有的老师并没有觉察到这一点，仍然把他当"呆子"看待。

艾萨克为了不让别人一直把他看作顽劣低能少年，他勤奋用功，拼命努力。

史托克校长常用激将法督促他，他在学校里总算能不负校长的期望。

在药局里他经常实验和制作，偶尔偷闲，和史托丽一起到山野采集药草。这些药草经克拉克先生晒

位于"科学家之角"的牛顿墓

干后出售。

在格兰萨姆生活已经两年多了，在某一赶集的日子，艾萨克的母亲来到了克拉克药局。因为母亲的第二任丈夫巴巴纳斯·史密士已经去世，所以她带了三个孩子回到艾尔斯索普。

"艾萨克，你已经 15 岁了，是到选择自己一生职业的时候了，知道吗？"

艾萨克被母亲这么一说，就不好意思说想做发明家、学者等等。因为他根本还没考虑过未来的发展方向。

"知道了。"艾萨克回答得很干脆。

"那么，跟我一道回艾尔斯索普吧。你不久就得当庄主了，不能不努力……"

汉娜浏览着贴满墙壁的画。有羊、狗、船等，也有几张肖像。肖像有外祖母、史托克校长，但是没有汉娜。特别大的是查理一世的肖像，下面写着艾萨克作的十行诗："我的灵魂要求试验的、秘密的艺术……"汉娜又看到了几张纸片上的数学公式，她不禁愣了一下，回头看着儿子说："你要做个不输给父亲的人。"

艾萨克嘴里应着，心里却在想着水漏时钟、风车、数学、神学，还有史托丽和格兰萨姆的一切的一切，而站在这一切上面的自己，不晓得会变成什么样。

艾萨克深深地觉得，母亲站在离自己很远很远的地方。真正知道自己心愿的是谁呢？可能只有史托丽小姐和史托克校长。艾萨克想着想着，低下了头。其实，才 15 岁的艾萨克，单纯得如同一张白纸。他在心里暗想："我走我自己的路就好了。这个路，在艾尔斯索普也可以开拓吧！"

"好了，赶紧收拾吧，不然会赶不上大家的。"

汉娜在一旁催促着，把艾萨克零零碎碎的东西统统搬上了马车。

"这些请留作纪念吧。"

艾萨克把水漏时钟和风车留在克拉克药局。

对于这一突发事件，史托丽比谁都难过。她一边哭泣一边到处寻找史托克校长。

远去的马车和校长

史托丽和戴着白色假发、挂着拐杖的史托克校长一道回到药局的时候，艾萨克已经坐上马车挥动着帽子了。

"要回去啦？继续用功啊！"

史托克校长看到了所有学生中，前途最远大的少年，竟然因回乡务农而半途辍学，不禁感到伤感，热泪涔涔而下。

史托丽更是难以自持，痛哭失声。

当史托丽挥舞白手帕的身影逐渐消失不见的时候，艾萨克也觉得无限感伤，颓丧地低下了头。

6月的太阳灼晒着，艾萨克的母亲诉说着家庭琐事，例如男佣人汤姆很忠实，开始饲养羊只等。艾萨克想着其他的事，只是默默地点头。

遥远的山丘上，渐渐出现了老家白石小屋，与以往全然不

第二篇 喜好发明

同的感觉，紧压着艾萨克的胸口。他觉得那个家好像是离岛上的牢狱。

走近老家门口的时候，艾萨克发觉家族的成员增加了不少。有年迈的外婆、母亲和带来的三个孩子，还有一个男佣人汤姆。

他忽然间多了一个弟弟和两个妹妹。幼小的孩子们，起初离得远远地望着从未谋面的哥哥，不久就亲热地缠着他了。

平时，有孩子们好奇地跟在身边缠着，艾萨克无法静下来思考，连做实验和劳作的心情都没有了。晚上应该能随心所欲，可是家里的气氛总是不对劲。

艾萨克一直想好好看书，可是手头上没有几本书，而且内容都熟悉得几乎能背诵了。他想起了藏书甚多的克拉克药局，也回想起值得怀念的与史托丽在一起玩耍的那段美好时光。

过了一段时间，生活上已逐渐习惯，不过却深深地感受到生计的困难。

勤快的外婆已年老体衰，聪明的母亲又身体虚弱，吃饭的人一大堆，能够工作的只有汤姆和自己而已。

"不努力不行啊……"

母亲的口头禅，已不知不觉地深植于艾萨克心中了。

夏天田野里的工作非常辛苦。额头上的汗水渗进了眼睛，稍一疏忽，用手擦脸，泥沙就随汗水进入眼里。手掌上起了水泡，用力挥锄的时候，水泡破裂，感到一阵刺痛。

艾萨克回过头看看汤姆，他仍在挥动锄头卖力地锄着，艾萨克只得加油再干。

"少爷，休息一下吧。"

汤姆知道艾萨克在苦撑，好心地劝慰。

"谢谢。"

艾萨克丢下锄头，瘫软地坐到地上。就是在这个时候，汤姆向艾萨克诉说着他的经历。

不久以前，为了革命，汤姆的独生子死于战场。他不得已，来到艾萨克家谋生。

汤姆感叹地说："没想到，一大把年纪，竟遭遇这种不幸！"

"由于革命的动乱，到处一片惨象。少爷也许不知道，最近的生活多难过……"汤姆继续说道。

被称为清教徒革命的英国革命风暴，因为查理一世被处刑以及克伦威尔两次当上了护民官而取得政权，大体上已经平息。可是家毁田荒，租税又重，人民怎么吃得消？

艾萨克听了这些话才知道，过去看到的那些铁骑兵不只是出来走动走动而已，原来是如此的动乱，心想："大人的世界竟是这样地动乱不安。"

从今以后，艾萨克不得不努力务农了。他每天都日出而作、日落而息，一天比一天更像个农夫。

# 大风中跳远

1658 年 9 月 3 日，是一个值得纪念的日子。

那一天，英国皇宫里，风云人物克伦威尔在床上做临死的挣扎。而在艾尔斯索普的草原上，历史上最伟大的科学家艾萨克·牛顿，在尝试他初次的物理实验。

暑气略消的英国南部，被罕见的风暴侵袭。大树在摇撼，田里的玉米一株一株地被吹倒。

艾萨克家里的人全都躲在屋子里。

"艾萨克，要做什么呀？"

"有一件事想试试看。"

艾萨克不顾母亲的叫喊，迅速套上披风，跳到庭院里去了。豆大的雨点，像小石粒般有力地打在了少年的脸颊上。家里的人都讶异地看着他。

艾萨克听到苹果树凄烈的呼啸声，略为一惊，但很快就镇定了下来，他捡起了几个红红的苹果。

"哥哥去捡苹果了。"弟弟向母亲报告。

艾萨克跄跄踉踉地离开了苹果树，来到庭院的中央。在脚下放了一个苹果后，像青蛙一样用力跳跃。在落足后又放上另一个苹果。在湿淋淋的绿色草地上，两个红红的苹果之间，艾萨克记录下自己的跳远距离。如果借着强大的风力，他可以跳三米远。

现在他改为迎风而立，忍受着几乎不能呼吸的狂风，从第二个苹果拼命跳向第一个苹果。这次却只有一米。

艾萨克又回到第一个苹果的位置，展开身上的披风，像只黑鸟顺风飞跃，哇！这次比第一次跳得更远。

这就是牛顿的第一次物理实验。

那时候还没有什么风速计之类的东西，更不会有风速几米的名词。在那个时代，用这种方法测量风力，不是头脑聪明的人，怎会想得出来？

艾萨克从雨点的方向看出风向，先是顺风跳跃，接着逆风跳跃。希望从两者之差求得风力。风力愈强，差距就愈大，这是可以确定的。

艾萨克早就有这样地推论，于是实际地做做看，这就是所谓的实验。

白石小屋里的人认为艾萨克在强风中跳跃，是一种疯狂的行为。但是，艾萨克根本就不理会他们。

他顾不得身体湿漉漉的，一进屋子就拿起铅笔，把数字记录下来。没过多久，只见他又再度奔向庭院。

这时的艾萨克，想从顺风和逆风的跳远差距中，求得风与力之间关系的秘密，可是对这位少年来说，却是力不从心。

# 热爱学习的农夫

到了秋高气爽的时候，赶集的日子更为愉快。

"史托丽小姐不知怎样了？水漏时钟和风车也不知怎样了？"

某一个赶集的日子，艾萨克和汤姆一道，赶着载满蔬菜的马车，驰向格兰萨姆。

看着左边的大风车，进入镇里面的时候，艾萨克觉得好像是回到了家，身心顿觉轻松。

到达镇内广场之前，马车经过克拉克药局的时候，艾萨克说："汤姆爷爷，我就在这里等你，回去的时候来接我。"

他从驾驶座跃下，头也不回地跑进店里去。

"咦！是艾萨克呀。"

兴奋地跑出来的是史托丽。

"伯父他们呢?"艾萨克问道。

"两人一道去集市，大概马上就会回来的。"

"我很想向伯父借书，他不在怎么办?"

"等一下我替你说一声就是，先拿去看好了。"

"那太好了！我很想借贝特著的那一本《自然和人为的秘密》。"

这是一本包罗万象的书。从动物、植物到看相看病，无所不谈。

艾萨克从口袋里拿出笔记本，抄写他感兴趣的部分。史托丽在他身旁，无聊地坐着，后来耐不住，也到集市去了。艾萨克竟然没有发觉。不但如此，直到太阳西斜，汤姆在马车上喊叫他时，他仍在专心地抄录。

回到家里，晚饭的餐桌上，大家谈的都是集市上的情况。当然能回答的只有汤姆，艾萨

富尔地区的牛顿庄园

克只是搭搭腔而已。

另外一次集市，艾萨克去逛书店，买了几本有趣的书，然后再到药局借书看。再下一次的集市，因为有书可看，他觉得没必要去格兰萨姆了。所以当马车远离艾尔斯索普庄园，已经看不见白石小屋的时候，艾萨克跳下马车，说："我就在这里等你。"

也不管汤姆瞪大了眼睛，艾萨克就顺着田埂跑开了。他在一棵大树的树荫底下坐下来，翻开了书本。汤姆张开了嘴，但说不出话来。

艾萨克并不讨厌做农夫，只是有比田间工作更喜欢的事情。

当他看羊或喂鸡的时候，也是手不释卷，好像是读书第一，工作第二。

喂完了鸡，离开鸡舍的时候，常忘记关门。群鸡就高兴地自由行动，到处乱跑。当然艾萨克并不知道，以致发生过田里的萝卜或小白菜被啄得光光的事。善后处理就落到汤姆身上，艾萨克向汤姆道谢了事。

牧羊的时候，发生了更糟的事情。约有十只羊潜入了爱丽莎的玉米地，恣意地啃嚼。

"夫人，您家的羊糟蹋了我的玉米地。"

爱丽莎手里拿着被吃得烂兮兮的玉米，汉娜无话可说，只好打开轻飘飘的钱袋来赔偿。

这类事情一再重演，后来他们发现，最适合艾萨克做的是挥动锄头的重劳动。这么一来，艾萨克就是想念书，也没什么时间念了。

事态虽然演变至此，但艾萨克并不抱怨。为了一家的生计，应该怎么做，他知道得很清楚。他对于自己的境遇，有正确的判断。

艾萨克不论在什么时候，总是不慌张不忙乱地向自己的道路前进。

内乱还没有完全平息，到处有动乱发生，艾萨克已经体验到世间各式各样的变动。

但是，对于艾萨克来说，政治活动不过是闹剧而已。克伦威尔的死，使艾萨克深刻地认识到，政治家的生涯犹如一场梦。

艾尔斯索普与众不同的少年，做了怪状百出的农夫将近两年了。怪状不但没改变，反而好像愈来愈厉害。

一个酷热的夏天，汉娜问汤姆说："汤姆爷爷，你认为艾萨克怎么样？"

汉娜对于儿子能否做一个实实在在的农夫，逐渐失去了信心。所以想问问忠仆的意见。

"夫人，是什么意思？"

汤姆慎重地问。

"我认为你比较了解艾萨克，他到底适不适合做农夫呢？"

汤姆发觉这个问题很重要，所以谨慎地回答道："也许是我的看法不正确，不过，我总觉得少爷不像是做农夫的人。"

"你根据什么这样想呢？"

汤姆决心要为艾萨克的前途着想，因此把自己所知道的一五一十地说了出来。包括忘记羊或鸡的事，以及连赶集时都找地方看书的事，等等。

汉娜心里很难过。她一直不敢面对现实，现在知道了一切，受到很大的打击。

"谢谢你坦率地告诉我。"

汉娜无力地站起来，走下黄昏的山坡，去找哥哥詹姆士牧师。要处理这个问题，汉娜一个人是无能为力的。

"嗯，嗯，这样子啊。"

牧师对妹妹的每一句话，都细心地咀嚼体会。终于觉得必须改变汉娜的观念了。

"汉娜，我们必须为艾萨克着想，既然他长大了之后不会成为一个好农夫。这一定是神的意旨，不让那个孩子做个农夫。"

汉娜听了，感到未来的一切计划都将成空，觉得头昏脑胀，快要晕倒了！

从此以后，汉娜很少和儿子谈话。常自个儿深思，想象着所有的情况，来衡量比较自己的将来和儿子的将来。

"哥哥自己是念了大学的，所以见了人必定劝人去读书。但是我们没有能力送艾萨克去念大学啊！"汉娜思考着。而且不管是为了什么目的，要让一家之主的儿子离家在外，总觉得心疼。

某一个赶集的日子。

**17 世纪的马车**

在格兰萨姆镇内，皇家中学的史托克校长和马车上的汤姆打招呼。

"艾萨克在做什么呢？好久不见他了。"校长抚摸着白髯，问牛顿家的佣人。

"请上马车，

第二篇 喜好发明

我就带您去。"

汤姆忽然心血来潮，认为把艾萨克的命运托给史托克校长是最好的办法，于是请校长上车。

"好啊。"

校长拉了一把汤姆强有力的手，轻松地上了车。加入了马车行列以后，他好奇地和汤姆聊了起来。

"就在那边。"快到艾尔斯索普时，汤姆指着远方说。

远处只看得到几头牛。

"你真有趣！难道那只牛是艾萨克转生的吗？哈哈哈！"

"不，不是的。是在木栅的地方。"

"嗯，好美的景色。"

广阔的绿色草原中，为了区别私有地和公有地，有连绵如波的木栅，附近还有几只牛在游荡着。

"原来如此，那个人就是艾萨克吗？"

有一个少年倚着树荫下的木栅在看书，校长也发现了。汤姆大声叫艾萨克来坐车。偷闲没去赶集的艾萨克见到了校长，不禁抓抓头。

"艾萨克，我辞掉了学校的职务，要到你们教区当牧师了。"

在肮脏的马车上，头戴丝织高帽的气派绅士亲热地拍了一下艾萨克的肩膀，使得这个衣着邋遢的乡下小子又不禁缩了缩脖子。于是他们一齐来到白石小屋。

汉娜兴奋得红着脸跑出来。

以教育家闻名的老师竟然亲自来访，使汉娜暗中下定了决心。

"老师，就让艾萨克念书吧。"

汉娜郑重地低头行礼。

翌日，汉娜再去看哥哥詹姆士，把事情的经过详细地向他报告。

"忍一忍穷苦吧！神一定会替人想办法的，艾萨克确实是念书的料。"

哥哥以牧师的口气，静静地跟妹妹说话。

"不做农夫的话，会成为怎么样的人呢？哥哥。"

"多半会成为学者，说不定也会从事于和我一样的职业。一切都看神的安排好了。"

不是牧师，一定是学者。汉娜的哥哥就是出身于剑桥大学。

听说又可以返回格兰萨姆的皇家中学念书时，艾萨克不禁欣喜雀跃。

又可以和史托丽小姐见面了，也可以在药局的二楼努力做自己喜欢的事。

在皇家中学复学的艾萨克，可以说是一位模范生。

艾萨克心里惦念着家里的贫穷，所以在各方面都尽量节省。鞋子穿破，裤脚和肘边磨破了，也不再做新的。

眉清目秀、聪明伶俐的少年，即使衣服褴褛得像乞丐，在格兰萨姆街道上走着的时候也没有人蔑视。当衣服破烂得太厉害时，史托丽就会拿出针线替他缝补。

史托丽的心情和两年前一样。不，克拉克药局的人们，家里面的任何事物，都和两年前一样。

不知是第几代的白老鼠，仍然忙碌地转动风车；像他身高一样的水漏时钟，仍然悄悄滴着水刻划时间。

# 奇迹与基督

格兰萨姆的皇家学校，在英国的学制是叫作文法学校，着重于拉丁文的教授。

那时代的英国所通用的是拉丁文。举凡大学的讲义、学术书籍、公文、圣经等，都用拉丁文。所以，想进入上流社会的少年，不先进入文法学校的话，就会有很大的困难。

艾萨克如果只想做一名农夫，就不需要念文法学校了。

当然，文法学校的学科不只是拉丁文，还有神学和数学。

神学是讲授有关基督教的学问。不探究神学，就无法正确地讲述基督教的神，也就无法传教。所以想从事牧师这一类神职的人，必须念神学。

文法学校的数学，主要是几何学。几何学就是研究圆、直线、三角形等图形的学问。在几何学里，三角形内角的和一定是180度，学生必须思考如何合理的证明。所以几何学可以说是训练人怎样合理的思考。

艾萨克就是在格兰萨姆的皇家学校读这样的书。那时候的文法学校还没有理科这一学科。因为自然科学还没有发达到足以设科教授的地步。

罗伯特·波义耳就是在艾萨克回皇家学校复学的这一年发表

的《波义耳定律》。

这位英国科学家在一个封闭的 U 形管中注入水银，以研究空气体积与水银量之间的关系，也就是增减水银量，以观察空气体积的变化。根据研究的结果，波义耳发表了有名的定律："一定量的气体在一定温度时，其体积之大小与其所受的压力成反比例。"

## 背景知识

### 波义耳

罗伯特·波义耳（1627—1691），英国科学家。他的《怀疑派化学家》一书，在 1661 年出版，这是一本对化学发展产生重大影响的著作。因此，化学家都把 1661 年作为近代化学的开始年代，革命导师马克思和恩格斯也同意这一观点，誉称"波义耳把化学确立为科学"。

波义耳在家里是 14 个兄弟姊妹中最小的一个。在他三岁时，母亲不幸去世。也许是缺乏母亲照料的缘故，他从小体弱多病。有一次患病时，由于医生开错了药而差点丧生，幸亏因为不适将药吐了出来，才未致命。经过这次遭遇，他怕医生甚于怕病，有了病也不愿找医生。并且开始自修医学，到处寻找药方、偏方为自己治病。哈特·利伯的鼓励使他下决心研究医学。当时的医生

英国化学家波义耳（1627—1691）

都是自己配制药物，所以研究医学也必须研制药物和做实验，这就使波义耳对化学实验发生了浓厚的兴趣。

在研究医学的过程中，他翻阅了医药化学家的许多著作，他很崇拜比他大 50 岁的比利时医药化学家海尔蒙特。海尔蒙特不论白天黑夜，完全投入化学实验，自称为"火术的哲学家"。这就成为波义耳学习的榜样。波义耳为自己创造了一个实验室，整日浑身沾满了煤灰和烟气，完全沉浸于实验之中。波义耳就是这样开始了自己献身于科学的生活，直到 1691 年底逝世。

# 虎 克

安东尼·列文虎克（1632 年 10 月 24 日—1723 年 8 月 26 日），荷兰显微镜学家、微生物学的开拓者，生卒均于代尔夫特。幼年没有受过正规教育。1648 年到阿姆斯特丹一家布店当学徒，20 岁时回代尔夫特自营绸布，中年以后被代尔夫特市长指派做市政事务工作。这种工作收入不少且很轻松，使他有较充裕的时间从事他自幼就喜爱的磨透镜工作，并用之观察自然界的细微物体。由于勤奋及本人特有的天赋，他磨制的透镜远远超过同时代人。他自制的放大透镜及简单的显微镜形式很多，透镜的材料有玻璃、宝石、钻石等。他一生磨制了 400 多个透镜，有一架简单的透镜，其放大率竟达 270 倍。

他对于在放大透镜下所展示的显微世界非常有兴趣，观察的对象非常广泛。有晶体、矿物、植物、动物、微生物、污水等。1674 年他开始观察细菌和原生动物即他所谓的"非常微小的动物"。他还测算了它们的大小。1677 年首次描述了昆虫、狗和人的精子。1684 年他准确地描述了红细胞，证明马尔皮基推测的毛细血管是真实存在的。1702 年他在细心观察了轮虫以后，指出在所有露天积水中都可以找到微生物，因为这些微生物附着在微尘上、飘浮于空中并且随风转移。他追踪观察了许多低等动物和昆虫的生活史，证明它们都自卵孵出并经历了幼虫等阶段，而不是从沙子、河泥或露水中自然发生的。

他的划时代的细致观察，使他举世闻名，许多名人（包括英国女王、俄国的彼得大帝）都曾访问过他。


在同一时期，也是在英国，有一位名叫列文虎克的人。这个常被人们排斥的人物，把轻的或重的东西吊在弹簧上，以观察重量和弹性的关系。研究结论是："弹簧的弹性与所施予的力量成正比。"这就是所谓的"虎克定律"，一直传与后世。这个定律发表于艾萨克复学的第二年。

回到格兰萨姆的艾萨克，除自修科学之外，还学习拉丁文、神学和几何学，没有人比得上他的用功。

勤奋的艾萨克，到了星期六也和常人一样，与镇里的人并肩坐着，倾听牧师讲道。

艾萨克从教会出来时，只要天气好，大都和史托丽一起到郊外游玩。

秋天的某日，天空蔚蓝一片，史托丽说："艾萨克，今天的讲道很有趣吧。"

"有趣，也很妙。能那样明白地论证神的存在，我是做不到的。"

艾萨克近来开始以大人的口气和史托丽谈话了。

"但，神本来不就是存在的吗?"史托丽说。

"人们的肉眼看不到神，而是以心看见的。"

"不论哪一个国家，总有不信神的人。"

清爽的秋风抚弄着史托丽的秀发，天上飘拂着朵朵白云。

"论证是件很有趣的事情，史托丽。"

艾萨克把一束鱼腥草放在鼻头，蹙着眉丢掉了。

"神是会显现奇迹的。"

牧师式的语调，使史托丽感觉奇怪。仔细地看着他的脸，没有说话。

"基督是现了奇迹的。"他又继续说下去。

史托丽睁大了眼。

"所以，基督是神。"

史托丽再回过头去瞧着艾萨克的脸。

"这就是论证，叫作三段论法。"

"当然是这样啊。"史托丽爱理不理地说。

明明白白的事情，故意说得玄奥高深，使她感到讨厌。

"史托丽，其实这个论证并不正确。"艾萨克突然小声地说。

"那个什么论法是错误的吗？"史托丽有点不了解。

"不，三段论法本身无误，问题在于使用的方法。"

"我一点都不懂。"

艾萨克的话，史托丽难以理解，不想听下去了。

"史托丽，再听一下吧。"

听到他的请求，史托丽转变了态度。

"《圣经》里面记载奇迹，但事实上没有奇迹。只要发生了罕见的事情，愚昧的人们就认为是奇迹，但事实上只是一种自然

**基督为农妇讲经**

规律。"

艾萨克顺着思路，朗朗说道。

"艾萨克，你说的自然规律，我认为好像是神的法律。"

一听到这句话，艾萨克高兴得要跳起来。

"这样想就对了。自然界的万事万物，无一不是神的安排。一切都是奇迹，一切也都不是奇迹。"

这句话，史托丽听来倒觉得真像是奇迹。完全相反的事情，怎么会都是正确的？

"那是什么意思呢？"史托丽娇柔地歪着头问道。

"同一个神的显灵，你认为有的是奇迹有的不是奇迹吗？"

"不知道。"史托丽回答。

史托丽刚在教会里听了基督的奇迹。虽然觉得艾萨克的说法比牧师的讲道更为合理，但不能全盘接受他的说法。"不知道"就是表示她的迷惑。

"我想说的是自然界的事物只是两种情况之一，都是奇迹或都不是奇迹。"

起先有点羞涩的语调，愈来愈激动，艾萨克的脸颊显现了红潮。

"回到论证的话题吧。"

艾萨克口若悬河，滔滔不绝。

"以我的想法来推论，'神会显现奇迹'的这个前提是错误的，所以'基督是神'这个结论就错了。三段论法是没有错……"

史托丽默默地低下头。艾萨克对基督、对奇迹的这番言论，她认为是在正面攻击牧师的说法。

"你知道犹大吧。不论这个背叛者怎么要求，基督都拒绝显现奇迹。奇迹不是被祈求就能显现的，这对于神或对于基督都是一样的。最重要的是，基督拒绝显现奇迹。"

"但，基督显现了奇迹。"史托丽的声音欠缺活力。

"《圣经》虽有记载，但那是不正确的。事实上，一切都是遵循自然规律而产生的结果，不是奇迹。"艾萨克反驳道。

史托丽更觉得莫名其妙了，也不知为什么，一阵悲哀袭上心头。

那个时期的艾萨克，正热衷阅读山达松所写的《论理学》。论证和三段论法就是从这本书里学到的。

艾萨克在学校里学习几何学，解决几何上的问题，最重要的就是证明，论述证明就是论理。几何也可以说是图形的论理学。艾萨克学习几何学的时候，深深地被论理所吸引，对于论理，非得打破砂锅问到底不可。

母亲汉娜和舅父詹姆士牧师送艾萨克回皇家学校的目的是准备接受大学教育，当然他本人也了解。

任何时代都一样，没有钱是很难进入大学念书的。幸而詹姆士牧师念过的剑桥大学三一学院有工读生制度。

1661 年 6 月 5 日，16 岁的艾萨克·牛顿经由格兰萨姆皇家文法学校校长推荐，成为了该院公费生。

# 第三篇　天才大学生

> 我不知道在别人看来，我是什么样的人，但在我自己看来，我不过就像是一个在海滨玩耍的小孩，为不时发现比寻常更为光滑的一块卵石或比寻常更为美丽的一片贝壳而沾沾自喜，而对于展现在我面前的浩瀚的真理的海洋，却全然没有发现。
>
> ——牛顿

## 有牢狱的大学

四匹马的驿马车，迎着夏日晨风疾驰。

狭窄的马车里有三位乘客，衣饰华丽的高尚绅士、装模作样的年轻女性和衣着破旧的乡下青年。

青年紧抱质料低劣的皮箱，看着窗外。这个青年就是艾萨克·牛顿，他满怀希望，要去剑桥大学念书。

连绵不断、缓缓起伏的丘陵中间，有一条白色的道路，马车沿着它往前走。

马车剧烈地动荡起来，原来是在走下坡路了。车身吱吱作响，像要裂开似的。三个旅客紧攀着窗框，以免被颠落。绿绿的草原上有几只牛儿在悠然闲荡。不久，下坡路过去了，车子进入坦途。

大概是心情放松了吧，绅士的脑袋奇怪地摇晃起来，梦周公去了。

6月的阳光炙热，与青年并坐的女士，半边脸被烈日照着。

牛顿倦于单调的风景，转而环顾车内，他不禁被眼前的绅士吸引住了。他端详绅士的面容，气质高雅、脱俗，整个人的风度，令他赞叹。

"吭!"一声，马车倾斜了一下。绅士的手杖掉落，丝质高帽飞向空中，牛顿反射似地伸出手去把它抓住了。

"啊，谢谢。"

接过帽子，绅士点头致谢。

"是不是去念大学?"

"是的。"

"是新入学吗?"绅士微笑着问道。

"是的。"

初次搭乘驿马车，和陌生绅士交谈的牛顿感到拘束

17世纪的剑桥大学

畏缩。

"学院是?"

"是三一学院。"

剑桥大学的构成单位是学院。13世纪末,首先成立了彼得哈士学院,以后每一世纪增加四所,那个时期已经有 16 个学院了。

闻名于世的英国三一学院

"三一学院虽然经费不太充足,但是教授优秀。"

绅士好像知之甚详,乡下青年牛顿颇为倾心佩服。

每一所学院的创立人、目的和管理都不同,各自成为一所独立的学院。

"把大学当作中学的延长就错了。大学的原意是学生组合成的团体。想读书研究的人,不论年轻年老,大家组成一个团体,礼聘名师来讲授,这就是大学的起源。千万不能忘记这种精神。"

坐在青年旁边的女士身体略向前倾。

"哦,对不起!请到这边来。"

绅士移坐右边,把自己的席位让给女士。牛顿不明

三一学院的标志

其中道理。"呀，原来如此!"当绅士拿出手帕掩脸的时候，牛顿恍然大悟。女士原来坐在向阳的一边，被烈日晒得有点受不了。

马车在坦途上疾驰，舒服得使人想睡。

"罗马人是道路工程的天才。"绅士自言自语地说。

自格兰萨姆经过艾尔斯索普附近，向北延伸的这条道路，是凯撒侵入英国时留下的，铺设得非常平坦宽广。

马车突然停住，绅士扶着身边女士的手站起来。牛顿抬头一看，这儿是周围有房子的广场。

"到了。"

那里是剑桥驿站。不论到哪一个城镇，马车停驻的地方，都是在旅馆门口。这里的旅馆高大而庄重，格兰萨姆的旅馆不能与之相比。

提着老旧皮箱的牛顿，像个乡巴佬似地四处张望，一言不发地跟在绅士后面。

绅士被三个衣衫褴褛的乞丐纠缠着。牛顿想起孩提时曾听过强盗和乞丐的事，庆幸途中未遇强盗。

乞丐讨到钱之后就散开了。这些乞丐是田地或牧地被没收的可怜农民，他们持有地区牧师的证件，可以公开乞讨金钱。

忽然，牛顿发现一幅美景展现在眼前。

波浪般缓缓起伏的草地上，有城寨、教会等建筑物，各具特色地散布着。榆、槲等参天古树，使那些建筑物若隐若现。

"这就是我要读的大学啊!"牛顿深深地吸了一口气。再往前走，繁花湿地，小鸟婉转啼鸣。他来到一处清澈的溪流边，看见三只天鹅，游进垂柳荫中了。

牛顿走到一棵大树底下，躲避盛夏炎阳，擦着汗水，愣愣地游目四顾。在树丛中隐约见到一座宏伟的建筑物，立即使他想起《圣经》所载古巴比伦人在巴贝尔所看到的几乎高达天庭的巴贝尔塔。牛顿被吸引着走向前去，巴贝尔塔又高又大耸立着，牛顿鼓足勇气穿门而入。

《圣经》传说中的巴贝尔塔

突然进入昏暗地方的牛顿差点撞上了人。他吓了一跳，因为对方身着铁甲，手持长枪。

"能不能上去？"

牛顿问道。

"请。"

牛顿放下了心，就向前面的门走去。

"那边不行，那是牢房……"

牛顿一下子愣住了，张口结舌不知所措。心想：这里不是大学吗？糟糕！他急忙回头时，却被叫住了。

"这边走，我代你保管皮箱。"

那个人指着相反方向的昏暗地方。牛顿不大情愿地放下皮箱，怀着忐忑不安的心情向那人所指的方向走去。

牛顿循着螺旋梯登塔，脚步声阴沉地响着。他看到一个小窗口，于是探头眺望，但被大槲树遮住，看不见外边景色。塔内的光线很暗，只有从洞孔般小窗射进来一点光照而已。他的双脚有时像快被黑暗吞没似地，着地后得先踩探虚实才能放心，身上不禁流出了冷汗。牛顿停住脚步，翘首仰望。螺旋梯在狭窄的空间

第三篇 天才大学生

里形成美妙的扭转曲线，小窗的光线照射进来，织成美丽的图案。见到这幅景象，他鼓足劲往上攀登。

牛顿第一次登高远眺，建筑物、河川、树木、草地等看起来都像玩具，他感到有点头昏目眩。

"妙极了!"

他不禁出声喊叫，声音响彻了地狱之底似的，在塔内回响着，他不由得害怕起来。

这里到底是不是大学呢？他开始往下走，下意识地数着阶数。牛顿决定继续数下去，不再胡思乱想了。刚数到190时，脚踩到了地板，只见方才的男子在等着他。

"你是新生吧?"

"这里是大学吗?"牛顿不安地问道。

"当然是啊。"

拿枪的男子倒是意外地和气。

"我是新生。请多多指教。"

"圣尊士学院吗?"

"不，是三一学院的工读新生。"

那人突然热情地伸出手来。

"是嘛？我是圣尊士学院的工读生，看守牢房就是我的工作。……有时会感到很烦闷。"

"我的工作也是一样吗?"牛顿着急地问。

真没料想到要看守牢房!

"不，你放心好了！因为你们的学院没有牢房。我们学院凡事看得很严重，所以才需要这种东西，真是令人好笑!"

这个老工读生像是要倾吐不满似地说了之后，还把枪往地上顿了一顿。牛顿本想探询一下，到底做了什么错事就会被关进牢房里，不过，没有开口。

"再来玩儿吧。"

男学生送走牛顿，并且热情地指示了往三一学院的道路。

## 背景知识

### 剑桥大学

剑桥大学成立于 1209 年，最早是由一批为躲避殴斗而从牛津大学逃离出来的学者建立的。国王亨利三世在 1231 年授予剑桥教学垄断权。剑桥大学（Cambridge）和牛津大学（Oxford）齐名，为英国的两所最优秀的大学，被合称为"Oxbridge"，是世界十大学府之一，73 位诺贝尔奖得主出自此校。剑桥大学还是英国的名校联盟"罗素集团"和欧洲的大学联盟科英布拉集团的成员。

剑桥大学校徽

剑桥大学所处的剑桥是英格兰小镇，距英国首都伦敦不到 1000 公里。这个小镇有一条河流穿过，被命名为"剑河"，早在公元前 43 年，古罗马士兵就驻扎在剑河边，后来还在剑河上建起了一座大桥，这样，河名和桥加在一起，就构成了"剑桥"这一地名。绝大多数的学院、研究所、图书馆和实验室都在这个镇上，此外还有 20 多所教堂。剑桥大学有 35 个学院，有三个女子学院，两个专门的研究生院。各学院历史背景不同，实行独特的学院制，风格各异的35所学院经济上自负盈亏；剑桥大学负责生源规划和教学工作，各学院内部录取步骤各异，每个学院在某种程度上就像一个微型大学，有自己的校规校纪。剑桥大学的第一所学院彼德学院于1284年建立，其他的学院在14和15世纪陆续建立。

剑桥大学的许多地方保留着中世纪以来的风貌，到处可见几百年来不断按原样精心维修的古城建筑，许多校舍的门廊、墙壁上仍然装饰着古朴庄严的塑像和印章，高大的染色玻璃窗像一幅幅瑰丽的画面。剑桥大学有教师1000余名，另外还有1000余名访问学者。剑桥大学共有学生16900名，其中包括6935名研究生，72%的研究生来自其他大学，研究生中42%是国外留学生，女生占36%。大学校长为女王丈夫菲历普亲王（他同时兼任牛津大学校长），设一名常务副校长主持日常工作。

剑桥大学的学生参与多种业余活动，其中划船是最流行的体育运动。剑桥大学各学院间经常比赛，而且剑桥大学每年都会与牛津大学举行划船比赛。各学院间还举行其他各种体育比赛，包括橄榄球、板球、国际象棋等。

剑桥大学在世界品牌实验室编制的2006年度《世界品牌五百强》排行榜中名列第50。

# 恩师巴罗教授

剑桥大学的校园像个公园。绿油油的草地上散布着的大树，沐浴在倾斜的夏日阳光下，形成巨大的影子。影中总见到一两个方帽长袍的人。

牛顿忘记了手中提着沉重的皮箱，沉醉在美景中，顺着缓缓倾斜的山坡走下去。

三一学院充满威严的全貌，终于显现在他眼前。

他看到一道溪流，不禁赞叹地呼喊："太美了！"

水波如镜，映着庄严的校门，梦境般的绮丽。

走上一座小桥，牛顿又停

**牛顿的老师巴罗教授（1630—1677）**

步了。校门上的雕像，在炫目的夕阳映照下，发出闪耀的光辉。

"啊！终于来到这个向往的地方！"牛顿叹息着喃喃自语。

牛顿重新意识到要进入一种新的生活，顿时紧张起来，一阵凉飕飕的感觉从背脊到达脚尖。

牛顿进入学院校门，差一点碰到一位红袍绅士。牛顿吃了一惊，言语失措，不知如何是好。

"你是艾萨克·牛顿先生吧。我是艾萨克·巴罗。"

绅士在黑色方帽底下温和地微笑，大方地伸出右手。

"啊，是的。"牛顿满口乡音地回答。他忽有所悟地抬头，因为他忽然想起这个人就是舅父詹姆士牧师介绍的巴罗教授。

牛顿从上衣口袋里拿出了介绍信。

"啊，我已接到他的信，不然也不会知道你的姓名。"

教授想缓和乡下青年的紧张情绪，神态尽量地随和。牛顿却因初次见到大学教授感到一种压抑感，他愈来愈拘束。教授打开信，匆匆地看了一看，随即放进口袋。

"到我房间去吧。"

教授在走廊里阔步而行，牛顿迷迷糊糊地跟着走，等到稍为恢复正常时，已经在教授房间里面了。

"随便坐，不要太拘束。"

牛顿的动作显得有点生硬，好不容易，终于坐在椅子上了。

"现在我要依照这里的惯例询问了。艾萨克·牛顿先生，你是自愿入学吗?"

"是的。"

"好! 那么就准许你入学。"

牛顿如释重负，放下了心。

英国除了国教徒之外，尚有天主教徒等所谓的异教徒，剑桥大学

比萨斜塔——伽利略做自由落体运动实验的地方

对于异教徒是闭门不纳的。

"牛顿先生，现在你已是剑桥大学的学生了，我是教授。我们就以学生和教授的身份来谈一下吧。"

牛顿不知谈什么好，感到很不自在。

"你对于大学有什么要求？"

"想学有关力和运动方面的东西，也想研究数学。"

有了具体的话题，牛顿就能和教授对答了。

"那就有困难了。数学倒是没什么问题，但力和运动却没人讲授。当然你可以自己研究，但没人能指导。"

牛顿听了并不惊异。私塾也好，中学也罢，从来没有人教过他想学的东西。

"你知道伽利略的实验吗？"

"不，不知道。"

别说是实验，连这个人名他也是初次听说。

"那么，我提出一个问题吧，铅球有大有小，现在让它们同时从塔上落下来，请问哪个先到地面？"

牛顿默默地想了一会儿，然后有点怯意地回答："不做一下不知道。"

"是吗？伽利略也这么想。可是亚里士多德说是重的先到地面。你认为怎么样呢？"

亚里士多德是古代希腊的哲学家，牛顿倒是知道的。

"我相信亚里士多德是正确的。"

"这真是你心里的话吗？"

"……"

牛顿感到犹豫起来了。其实，他认为说亚里士多德是错误的话，好像不太好。

巴罗教授从他的表情看出他的心意，突然改变了态度，以讲课式的语气说："你现在没有勇气说亚里士多德犯了错误。那么，你是不是赞成不必探究真理、不必做新的发现，只要遵从古代圣贤就行了？"

牛顿从未遇到过讲话这么坦率的人，也从未遇见过质问这种根本问题的人，他有点慌乱失措。

"伽利略将大小铅球从比萨塔同时丢下来，结果和亚里士多德所说的不一样，重的轻的都同时到达地面。"

"亚里士多德也犯了错误吗？"牛顿急忙反问。

"古典学派的人不肯面对这一事实。但'事实'是无法做任何歪曲的。有人诘难伽利略使用了魔术。但任由谁来做，都是重的轻的同时到达地面；如果魔术成为真理的话，古典学派的一群人要被笑话了。"

巴罗教授因为看对方是个朴实的青年，不知不觉地失去了平时的自制力，把素来的郁愤倾泻了出来。

古典学派的学者们认为，哲学上的真理都已被亚里士多德和柏拉图所掌握，而神学上的真理都被《圣经》和奥古斯丁所掌握了。所以，要学得真理的话，只要读这些圣贤所写的书籍就可以了。

古典学派与罗马教廷联手，而英国国教和清教徒却不一定是古典学派的。可是，中世纪以来的古典思想已深入人心，极难脱缰而出，使得教授非常不以为然。

"牛顿同学，要多多努力啊！伽利略研究天体运行得到了结论，说地球会运行转动。这在古典学派的罗马教廷看来，是一种异端，因此被提诉于宗教审判，差点送命。但在英国说出这话，相信一定有许多人会喝彩的，请把这件事牢记在心。"

牛顿对教授的说法深感钦佩。

"创立这个学院的亨利八世，并没有说到这一点。可是，我认为本学院被赋予了打破天主教的古典思想的使命。"

亨利八世是与罗马教廷断绝关系、创立英国国教的国王，校门上的雕像就是他。

## 背景知识

### 伽利略

伽利略（1564—1642）意大利天文学家、力学家、哲学家。1564年2月15日生于比萨，1642年1月8日卒于比萨。伽利略家族姓伽利莱（Galilei），他的全名是 Galileo Galilei，但现已通行称呼他的名 Galileo，而不称呼他的姓。

伽利略1572年开始上学，1575年随家迁居佛罗伦萨，在修道院学习。1589年被聘为比萨大学的数学教授，1591年到威尼斯的帕多瓦大学任教，1609年回佛罗伦萨，1611

**伟大的意大利物理学家和天文学家，科学革命的先驱伽利略**

年到罗马并担任林茨科学院的院士。1633年2月以"反对教皇，宣扬邪学"被罗马宗教裁判所判处终身监禁。1638年以后，双目逐渐失明，晚景凄凉。1642

年1月8日逝世。300多年后，1979年11月10日，罗马教皇不得不在公开集会上宣布：1633年对伽利略的宣判是不公正的。1980年10月又提出重审这一案件，并在罗马组成一个包括不同宗教信仰的世界著名科学家委员会来研究伽利略案件的始末，研究科学同宗教的关系，研究伽利略学说的科学价值及其对现代科学思想的贡献。

## 柏拉图

柏拉图（约前427—前347）古希腊哲学家，也是全部西方哲学乃至整个西方文化最伟大的哲学家和思想家之一。

柏拉图出身于雅典贵族，青年时师从苏格拉底。苏氏死后，他游历四方，曾到埃及、小亚细亚和意大利南部从事政治活动，企图实现他的贵族政治理想。公元前387年活动失败后逃回雅典，在一所称为阿加德米的体育馆附近设立了一所学园。此后执教40年，直至逝世。他一生著述颇丰，其教学思想主要集中在《理想国》和《法律篇》中。

柏拉图是西方客观唯心主义的创始人，其哲学体系博大精深，对其教学思想影响尤甚。

在三一学院的宿舍里安定下来后，牛顿有无限地感慨。有生以来，他第一次搭驿马车。见到了巴贝尔塔，并且和巴罗教授进行了深入的谈话，这些刺激实在太多太强了！

牛顿躺在床上闭起眼睛，回忆往事——与贾治打架、与史托丽谈论奇迹等一幕幕地浮现，又像烟雾般地消逝无踪，后来出现的老驿马车的绅士……牛顿紧握双拳，全身用力，硬木床

剑桥大学里的牛顿桥

"吱"的一声叫了起来。他睁开眼，见到了陈旧的天花板，不禁想起这房子已有 300 年历史了。

亨利八世创立的这个学院，就像是一座桥，负有把中世纪引到近世纪，把旧教引向新教的任务。但是里面的气氛却像中世纪的寺院，严肃而沉闷，是与外界隔离的另一个世界。没有史托丽，没有艾尔斯索普，没有格兰萨姆，牛顿已置身于心无旁骛只以学问为友的学生群中了。他闭目沉思该怎样安排新生活。

从入学当天的晚饭起，牛顿开始了工读生的工作。

"牛顿同学，请布置餐桌。"老工读生之一边搅着大汤锅边对他说。

那粗壮平静的声音，使狭窄如隧道的走廊的石壁发生令人不安的回响。

"好的。"

身着白色硬梆梆的长袍、腰系围裙的牛顿恭敬地回答，然后从另一个工读生那里拿来堆得高高的 42 张盘子。

三个工读生手中各拿着汤锅、面包篮子、汤勺等，站在餐厅门口。

忧郁的牛顿，可能遇到了什么麻烦

静谧的气氛弥漫了餐厅，好像一切都是石造的器物，动也不动。

巴罗教授找到了新生牛顿后，满意地点了点头。

餐前祈祷开始，牛顿于是垂下了头。

"天上的父啊。对于惠赐我们的东西，祈盼我们能衷心感谢。对于遣来了你的子民艾萨克·牛顿也祈盼能衷心感谢。"

随着教授祈祷完毕，紧跟着一阵"阿门"声，震撼人的心坎。42 个人的眼睛，一齐看着提着面包篮子的新生。

开始用餐之后，餐厅仍如教堂般肃穆。

邻座之间的低声私语，是在谈些什么话题，牛顿不知道。但是可以断定，他们不是在抱怨只有马铃薯汤、面包和水的粗食。

"哦，原来是在讨论几何上的问题，到底是大学生！"牛顿感到高兴。

餐毕，教授离席之后，旁边的工读生告诉他："他是以发明在曲线上画切线的方法而著名的艾萨克·巴罗教授。"

牛顿虽见过了巴罗教授，但还不知道他的成就。现在知道了，更为钦佩。

"他说等一会儿想见你。"工读生接着说。

牛顿想起先前的事情，不禁兴奋起来。

三个工读生赶忙把食器收到厨房洗净，再安放在橱柜里面。牛顿满脑子都是与巴罗教授会面的事情，做什么都心不在焉。

"牛顿同学，做完事来不来?"

有一个年轻的声音传入厨房，牛顿吃惊地回头看。

"来玩玩牌吧。"

"好的。"牛顿应了一声，不过马上又想起要去见巴罗教授，因此感到犹豫起来。

印有牛顿头像的铸币

"去玩吧，老师反正要用功到三更半夜的。游布德同学是个可以成为好朋友的人。"那位工读生这么说。

牛顿从来没有玩过纸牌，但又不好意思说不会玩牌。

他在格兰萨姆被人视为怪人，可是在这里，大家全都像怪人。如果在这里再不合群的话，那就会成为真正的怪人了。

牛顿在阴暗的餐厅里开始学打牌。他并不觉得特别有趣，但是对于打牌的规则，倒认为有点儿意思。

以他的个性来说，是讨厌赌输赢的，但能通过打牌，与游布德等三人亲近，也是件好事。

到五支蜡烛熄灭为止，他们一直在玩各种牌。赢了也笑，输了也笑，活泼开朗的闹声，一直震撼着餐厅。

牛顿忘了身处于陌生环境中，哄闹得连自己都感到诧异。

新生牛顿，在牢狱般潮湿阴暗的走廊上怯怯地走着。

"咯咯……咯咯……"

坚硬的脚步声震响石砌的墙壁和天花板，使他背脊凉飕飕的。走廊左右的迂回弯曲，好像通往一个永远黑暗的世界。处处有似乎被遗忘的烛焰，随着不知从哪里来的风，摇曳不停。背后的烛光，把自己的影子延展得像巨人，他伫立等待。

"在那边。"带路的游布德的声音从墙壁上反射过来，嗡嗡地拖了很长的尾声。牛顿吓了一跳，悚然而立，望望前方，见到微光从前方延伸过来。他判定了方向，默默地点头。脚步声再一次地在石头隧道内形成了共鸣。两人来到目的地，从粗糙的房门缝隙中，透出几条光线。

游布德轻轻地叩门。

决策中的牛顿

"请进。"

像是天国传来的明朗声音，救了陌生不熟、心怯胆小的牛顿。亲切带路的朋友，从原路回去了。

推开房门，只见巴罗教授满脸笑容地迎接他，粗制的书桌上放着书本，旁边有白色假发。牛顿一时间还没发觉这是下午来过的房间。

"惊异的事情很多吧?"对着拘束的牛顿,教授语气轻松地问道。

"是的。"

牛顿的脑海里泛起石砌走廊、蜡烛、餐食等,他在心中衡量,看哪一个最令人惊异。

"本学院经费窘迫,一切都得忍耐!"

牛顿已习惯于贫穷。不过,大学可能有特殊困难也说不定,牛顿展开了想象力,所以缄默不答。

"本学院是靠会员的会费维持的。由于革命的动乱,失去了许多大力支持的会员,去年复归王政,情况才稍为好转。不过,要恢复往昔盛况,恐怕得花几十年功夫呢!"

巴罗教授好像忘记了下午的谈话,以不同的语气,感慨良深地谈着。牛顿从他的语气中知道了教授也是王党派,突然感到很亲切。

"老师,家父也是王党派。"牛顿勇敢地表达自己的立场。

"啊,真的? 那实在令人愉快!"

高大魁梧的巴罗教授倏地站了起来,伸出了右手。牛顿跟着站起来,他俩紧紧地互相握手。

再坐下来的时候,被坚硬的木椅碰痛了尻骨,牛顿不禁蹙眉。

"瞧,那张椅子是克伦威尔的礼物,哈哈哈……"教授——讥讽平民出身的政治人物——微笑着说。

"当时,我一直在欧洲大陆,因为他曾经悬赏要我这颗脑袋。"教授缩缩倔强的脖子。

牛顿一直默默地聆听,说实在的,不感兴趣。

"老师，我是生于革命开始的那一年年底。当时年纪太小，所以没什么记忆，只记得被铁骑兵吓唬过一次。"

"嗯，那么你是生于 1643 年了。"

巴罗教授以拳头用力敲桌子，假发和蜡烛跳起来，差一点相碰。

新生的紧张情绪这时如冰消融成水一样化解开了。

"老师，我觉得学欧几里德几何好像是多余的事情……"

话题飞跃到意外的方向。教授以锐利的目光注视着牛顿的眼睛。

欧几里德几何是希腊的欧几里德首创的几何学，也就是指普通的几何学。

"你指的是什么事情?"

巴罗教授很谦逊，几乎看不出是年纪比牛顿大了 12 岁。

"例如，正三角形中，三个角相等是一件很明确的事情。可是欧几里德却努力地想证明，我觉得有如呆子似的。"

正三角形，也就是三边等长的三角形的内角总和是 180 度，而每个角即为其三分之一的 60 度。但欧几里德不允许那样地计算。他要求的证明方法是，把正三角形设为两个三角形，然后证明这两个是能完全重合的三角形。

以此为例，牛顿说欧几里德是呆子似地愚笨。

但是，巴罗教授在几何学方面是当时一流的人才。

"论理不能马虎。严密地思考事物才是论理。几何学就是便于熟习这种论理。被人认为是明明白白的事情，往往是论理马虎的结果。"

认为正三角形的三角相等已很明白而不需证明的这件事，被攻击为论理的马虎。牛顿好像被泼了一盆冷水似的。

牛顿沉默了。

周围静得可以听到烛芯燃烧的微小声音，好像地球上只有他们两个人存在。

"牛顿同学，欧几里德是不是呆子，你自己去弄明白好了。我想，那是你自己的问题。"

"知道了。"

牛顿佩服得五体投地。在私塾和中学里面，老师和学生有明显地区别，但是，在这里却没有这种感觉。到底是大学教授，他的话有万钧之力，又尊重学生，使牛顿感叹不已。如今能受到巴罗教授的教导，实在是无上的幸福！

"两个平行四边形全等的条件，如你所知，是相邻的两边和其夹角相等。平行四边形有四边和四角，一共有八个要素。而只要三个要素相等即是全等。这件事你认为怎么样？牛顿同学。"

巴罗教授点燃了新蜡烛，然后注视着朴实的乡下青年的脸孔。

"这与对角线作成的三角形的全等条件相同，平行四边形的全等与三角形全等的条件一样，这不是很有趣吗？对不对？欧几里德几何有它令人感兴趣的地方。你不应该注重于感到呆笨的地方，而该注意令人感到兴趣的方面，这才是正确的用功的态度。"

巴罗教授的话，深深地打动了牛顿的心。

"老师，真谢谢您！"

牛顿衷心地崇敬和感谢。

"我送你回去吧。"

巴罗教授拿着蜡烛走在前面，走廊里一片漆黑。牛顿兴奋之余忘记了恐怖，大步跟在教授后面走。进入自己的小房间时，牛顿借着巴罗教授的烛火点了蜡烛，然后郑重地道谢。

牛顿倾听着老师的足音。不久，不安的寂静包围了牛顿。他全无睡意。几点钟了？管它几点钟。牛顿觉悟到，在这里何必担心时间？但每次一坐定，就渐感恐怖，更不要说躺在床上了。于是他从石壁凹处并排的书中，取出笛卡尔的几何学来，放在粗糙且伤痕累累的书桌上。

欧几里德的几何学是图形的论理学。笛卡尔的几何学是方程式的论理学。

牛顿对于直线和圆的问题，认为与其用图形不如以数式来解决。换句话说，他比较喜欢笛卡尔。但刚才巴罗教授推翻了这种观念。

牛顿紧盯着笛卡尔的书，以欧几里德的立场来重读，竟连续发现了许多不合意的地方。牛顿以铅笔写下"不是几何学"或"错误"等自己的见解。

忘记了洞穴、黑暗、恐怖等，专心地用功，不知不觉蜡烛快要燃尽了，于是只好上床就寝。

### 背景知识

## 欧几里德

欧几里德，生活在亚历山大城，是古希腊享有盛名的数学家，以其所著的《几何原本》（简称《原本》）闻名于世。

欧几里德早年就学于雅典，重点研究柏拉图的学说。公元前

300 年左右，在托勒密王的邀请下来到亚历山大，长期在那里工作。他是一位温良敦厚的教育家，对有志数学之士总是循循善诱。但反对不肯刻苦钻研、投机取巧的作风，也反对狭隘实用观点。据普罗克洛斯记载，托勒密王曾经问欧几里德，除了他的《几何原本》之外，还有没有其他学习几何的捷径。欧几里德回答说："几何无王者之路。"意思是，在几何里，没有专为国王铺设的大道。

**欧几里德**

　　欧几里德除了著有重要几何学巨著《几何原本》外，还著有《数据》《图形分割》《论数学的伪结论》《光学》《反射光学之书》等著作。

## 笛卡尔

　　笛卡尔，1596 年 3 月 21 日生于法国都兰城。笛卡尔的父亲是布列塔尼地方议会的议员，同时也是地方法院的法官。笛卡尔在豪华的生活中无忧无虑地度过了童年。

　　1618 年他结识了物理学家伊萨克·毕克曼。在毕克曼的鼓励下，笛卡尔开始从事理论数学的研究，这对他后来建立解析几何学产生了很大的影响。1620 年笛卡尔在游历德国时，产生了把自然科学各学科相互协调起来的思想。

　　1625 年笛卡尔回到法国，开始致力于科学研究活动。为了获得良好的条件，1628年起到社会比较安定、思想比较自由的荷兰定居。此后他除去法国进行几次短暂的访问外，直到1649年没有离开荷兰。在荷兰长达20多年的时间里，笛卡尔对哲学、数学、天文学、物理学、化学和生理学等领域进行了深入地研究，并通过数学家梅森神父与欧洲主要学者保持密切联系。1628年，笛卡尔写了《指导哲理之原则》一书，1629年—1633年又写了《论世界》，书中总结了他在哲学、数学和许多自然科学问题上的一些看法。1637年，笛卡尔用法文写成三篇论文——《折光学》《气象学》和《几何学》，并为此写了一篇序言《科学中正确运用理性和追求真理的方法论》，哲学史上简称为《方法论》，6月8日在莱顿匿名出版。1641年出版了《形而上学的沉思》，1644年又出版了《哲学原理》等。

法国哲学家笛卡尔（1596—1650）

1649年应瑞典女王克思斯蒂娜的邀请，笛卡尔赴斯德哥尔摩任常驻宫廷哲学家，为瑞典女王授课。由于他身体羸弱，不能适应那里的气候，1650年初便患肺炎抱病不起，不幸于1650年2月11日病逝。终年54岁。1799年法国大革命后，笛卡尔的骨灰被送到了法国历史博物馆。

原则上凡是新生都要跟随指导员，接受个别教授。牛顿被安排接受蒲列因教授的古典文学、希腊语、哲学和数学四科。牛顿感到吃不消，他觉得这种课十分无聊。

"去请求听巴罗教授的课吧。"牛顿终于可以上巴罗教授的课了。

大学的讲堂好像深不可测的深渊。粗糙的木椅，看来非常有分量，坐在席位上的学生很像古代希腊的贤人，毫无那种充满于格兰萨姆中学的虚耗精神的空虚感，令人觉得好像用尽了人类的脑力也无法想象到的真理潜藏在此深渊之中。牛顿觉得自己是为了求取那种真理，才到遥远的剑桥来的。

铺了石板的走廊上响起了脚步声，出现在门口的就是那位巴罗教授。对牛顿来说，不知不觉间，这位教授已变成比谁都亲近的人。教授上了讲台，牛顿屏息等待。

"各位，光到底是什么?"

教授突然提出这样重大的问题，然后扫视学生。

剑桥大学里的巴罗教授雕像

这是几何学的课，教授一来就讲光的问题，使牛顿感到新奇，于是他准备全神贯注于讲义了。

"各位，有的学者以为那是物质，有的学者以为那是物质的性质，或者是运动状态，彼此正在互相争论中。"

为了使学生有思考的时间，教授的讲解暂时停顿。牛顿因为从未想过这种事情，所以情绪有些兴奋。

忽然，他听到羽毛笔尖在纸上的沙沙声，原来是学生们开始笔记了。

对于入学那天晚上向教授提出欧几里德几何一事，牛顿感到羞赧。几何学是一门更为广大的学问啊！

"光这种东西，在空气或玻璃等介质中，是连续地传导过去呢，或是每逢冲击，自己就倍增扩散的粒子般的东西呢？这也在争论中。伟大的亚里士多德完全没有提过这一问题。总而言之，不论我们选择哪一种说法，古典学派的学者该不会有异议的。"

此时，学生间有了响动。但那不是谈话声，是学生们奋笔疾书的声音。

"各位！这是真正有趣的问题。但是，我并不想探究，因为我并没有那个能力。"

学生们放下了羽毛笔，讲堂里顿时一片肃静。

"各位！"教授特别提高了声音，"任何聪明的人都还不知道，光如何使自己倍增，光的本质是什么，光怎样发挥其力量。"

牛顿身心紧张起来，他觉得自己好像要被光俘虏了。不仅是巴罗教授，对于光谁都没有什么认识。

"各位也许希望我发表一些意见。所以，我也不得不谈一谈了。"

学生们在光线暗淡的讲堂里，倾心静听。

"关于光的本质，让我讲一讲我自己的意见。刚才所说的两个假说，一种说法是光本身就是物质，另一种说法是光是物质的性质或运动状态。我想把这两个假说都认定是正确的。"

"光以直线行进，其行进所形成的种种图形，已能用几何学的方法来处理了。可是，关于光的本质就不行了。该取两个假说中的哪一个，以几何学方法的论理，是无法明白确定的。光学正濒临困难与痛苦的抉择中。"

"各位！我个人认为，物质流动时或连续冲击时都会发生光。光虽然表现各种各样的性质，我认为该解释为发生原因有多种才正确。"

巴罗教授为什么想承认两个假说呢？因为教授讨厌假说。既然讨厌，就产生了哪一个都没关系的态度，这就是使他发表这种说法的原因。这位教授的思想，不知不觉地影响了牛顿。

"各位！依照习惯，紧接着光的本质论，应该讨论的是色彩论，讨论种种颜色是怎样发生的问题。"

巴罗教授对于光的本质也好，色彩也好，并没有自信是在谈真理。这在他讲课的经过中，不断地表现出来。

"各位！红色是光的浓缩状态的表现，青色是光的稀薄状态的表现，由于光的浓缩程度而形成种种颜色。"

光被浓缩是怎么一回事呢？当然，这是不能和光的本质分开讨论的。然而，光的本质还不知道。想想看，没有比这个更无理的了。

"亚里士多德认为由于明暗比例的不同而形成了种种颜色。而刚刚介绍的学说，是马克斯·马尔契依据亚里士多德的这个学说推演出来的。"

色彩论的讲义，对于牛顿来说好像是鸭子听雷——听不懂。愈想不要听漏教授的话，愈易分心，使得这位乡下少年深感疲倦困顿，这是他从未有过的经历。教授提出来的重要问题已经铭刻于心了，细节却有如云雾。

讲解终了时，牛顿茫然地呆坐席上。但是不久，心底好像有某种念头滚滚地冲了上来，牛顿赶紧站起来去追教授。听到脚步声，巴罗教授回过头来，牛顿感到犹疑，但已不能后退，只好硬着头皮叫了一声："老师!"

教授默默不语，以温和的眼色注视着这位新生。

"老师!"

"什么事啊?"

牛顿一被询问，顿感语塞。因为他并没有想问什么特别问题，想到这，全身的血液就往上冲。

看出乡下青年心意的教授满不在乎地说："怎么样，到我房里来吧。"

牛顿红了脸，跟在后面走了五六步。然后终于开口说："老师，您认为色彩论是正确的吗?"

"哪里的话? 你们知道有关色彩的种种解释当然很好。我刚才所说的，接着光的本质论而进行色彩论是一种习惯。那个色彩论不是真理，而是一种假说啊，假说和真理是没有关系的。"

教授停步，笑着说明。走廊窗口射进来的光照到了他宽阔的肩膀，显出一个学者的风度。

牛顿伫立在真理的门扉前面，忘记了羞赧。

"老师，假说该放弃吗?"

"唉，想想看吧，我什么也不说了。"

被如此一说，这个青年发觉自己问得无聊，感到羞愧难当。一转身，也忘了招呼老师，从原路匆匆回去了。

巴罗教授觉得这个没礼貌的新生倒很可爱，满脸笑容地走进自己房间里面去了。

对于学生，应该介绍陈旧怪异的理论，使他们反驳而产生新的东西。让新的推翻旧的，该是大学的本色。不必顾虑，哪怕是发霉的东西尽量抛掷出来。这是教授向来的看法。

从这一个观点来看，眼前的乡下青年是有希望的学生。

# 地心说与棱镜

中世纪被称为黑暗时代，在尚未脱离这种混沌的学院气氛中，牛顿一心寻找着自己的道路。虽不明显，但确实一步步在走着。

听讲，然后加以思考，到图书室借书出来阅读，然后再加以思考，牛顿的生活就是如此反复循环。

当然，还得尽工读生的义务。他的工作，从餐厅转为替别的同学服务，例如清理、打扫、洗涤衣物等，这是工读生工作项目之一，他并不以之为耻。这时候，他被分配到和一位名叫威尔金士的同学住在一起。

"牛顿像个怪人，想托他办点事，大多毫无反应，结果，房间都是灰尘，脏衣服一大堆。"

也难怪威尔金士抱怨，牛顿并没有推脱义务之意，只不过专心用功，忘记了其他一切而已。幸而威尔金士是个满不在乎的人，并不把嘴里说的放在心中。

"牛顿同学，难得啊，要出去吗?"

有一天，牛顿准备外出的时候，被骑马回来的同室友人撞见了。

"嗯。"牛顿爱理不理地回答。

"好，一道走吧。"

穿着制服的两个大学生走过了剑河的桥，气氛融洽得

严肃认真而又充满学者气质的牛顿

很。当然，这与自以为要去喝酒的威尔金士的愉快情绪颇有关系。

"喂，牛顿同学。你经常埋头用功，猪枪酒店我随时可以请客，请不要客气。"

威尔金士用拳头轻撞认真过度的牛顿的肩膀。

"猪枪酒店?"

"什么? 你不知道猪枪酒店啊? 就在驿马车停驻的地方。"

"猪枪酒店"是广场地区常见的兼营旅馆的酒店。

"嗯，知道了，知道了。"

牛顿想起从驿马车下来时的情况。

"可是，我不会喝酒啊。"牛顿老老实实地说。

"没关系，我们一道走就是了。"威尔金士一副无所谓的神态。"牛顿同学。你实在用功，真叫人佩服! 我外出前请你擦鞋子，你都没回答啊!"

威尔金士把满是泥土的外出用鞋展示到牛顿眼前。

"对不起！你跟我讲过吗？"

"讲了啊。可是你正在专心看书。"

"真对不起！"

牛顿心里却又开始回想到刚读到的书，定定地出神。

"在想什么？"威尔金士问道。

"啊！"牛顿愣愣地不知如何作答。

"你在想什么？"

"在想哥白尼的事。"

哥白尼对于威尔金士来说，就像是"猪枪酒店"对于牛顿。

"哥白尼是什么？"

"是波兰的天文学家，曾经写了一本叫作《天体运行论》的书，我正在看那本书。"

"天体一定是绕着地球周围在运转，你又何必再去看什么书呢？"

山丘的上空掠过几朵白云。牛顿穷于回答，抬头仰望秋天澄清的高空，耳听小鸟的鸣叫，使他想起在家乡纺纱的母亲。

"喂。"

牛顿的肩膀被拍了一下，他回过神来。

"继续讲哥白尼吧！没有谁教过我天文学啊。"

"好吧，哥白尼说天体并不是绕着地球运转的。"牛顿干脆说了出来。

"简直是乱来！《圣经》上明白地记载，地球是宇宙的中心，他根据什么那样说呢？"

"威尔金士同学，例如，行星有时会后退，但天体在运动途中，怎会踟蹰后退，那不奇怪吗?"

每晚连续观察金星或火星的位置，会发现它们逐渐移动，那移动的样子，有如迷了路的孩子。牛顿的说明，好像不能使懒惰的学生了解。

"据哥白尼说，地球也是行星之一。而所有行星都绕着太阳的周围做同样地运转，既不倒退，也不停止。"

"他看见了那种现象吗? 简直是开玩笑!"

两人不觉之间已来到了停驿马车的广场。威尔金士望着酒店招牌，咽了一口口水。

"喂，牛顿同学。我知道你想到哪里了。"

望着走在前头的三个衣着华丽的小姐，威尔金士露出爱慕的眼神。

"到史托布利治吧?"

牛顿默默点头。一年一度的大集市正在那里举行。两人聊着无关紧要的话到达了那里。牛顿想起格兰萨姆的集市，怀念着少年时光，他俩逐一浏览着商店。

"有了，有了!"

牛顿在客人不多的一个店前欣赏起来。橱窗里陈列着望远镜、眼镜、透镜等稀罕的东西，牛顿又发现了两个棱镜。

威尔金士手中提着刚买的威士忌，斜

牛顿在做太阳光经三棱镜折射实验

睨着牛顿。只见这个怪人手拿三角玻璃柱对着日光，看得又高兴又入迷，过了好久，动都不动。

"牛顿同学，差不多了吧。"

牛顿忘记了威尔金士在等着。

"失礼！失礼！"

牛顿付了钱，马上走到卖蜡烛的店，买了 13 支特别粗的蜡烛。

"牛顿同学，今天是星期五啊，怎么可以买 13 支？那多不吉利！"

把所有的钱一文不剩地拿出来，本来想买 13 支的，只好买下 12 支了。他一点也不迷信，只是尊重威尔金士的意见罢了。

归途上，威尔金士一路喝着威士忌。

"牛顿同学，你好像很执著于等比级数一类的问题似的，那样的东西有趣吗？"

威尔金士酒一下肚，话就多起来了。所谓等比级数是，1、2、4、8、16 这类的数列。这种级数中，每一个是前一个的倍数，如此成一定的比例的一串连续数字叫作等比级数。这是两人在上课时学到的。

"等比级数并不怎么有趣，探究的是别的东西。"

"不是老师教的吗？"

威尔金士把酒瓶对着嘴巴，瞪大了眼睛。

"嗯，不是。虽以一定法则无限地连续，但它的和却不是无限大的级数。"

不欣赏喝酒的牛顿，想故意使威尔金士昏头昏脑。

"为什么要做这样的事情呢？真是多此一举！"

第三篇 天才大学生

威尔金士果真弄迷糊了。

"不过是想计算一下被曲线包围成的图形的面积而已。"牛顿一边用插在裤袋中的手摸索着棱镜，一边回答。

忽然他想到两个棱镜相碰就不妙了，马上把其中一个放到左边的裤袋里。

"嗯，曲线和无限级数，真是不知所云！"

威尔金士以酒瓶轻敲脑袋来嘲弄自己。

以曲线围成的图

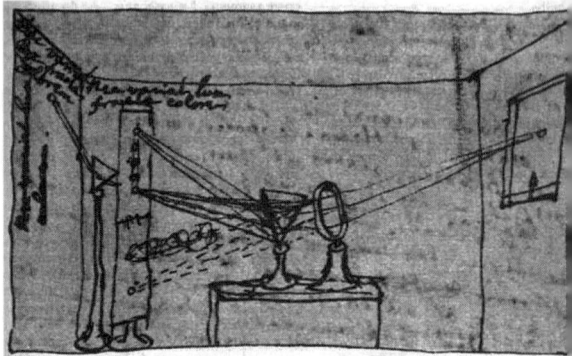

牛顿做棱镜实验时画的草图

形，不论怎样地奇形怪状，可以用无数的平行线分割成为一群群细细的长方形。计算长方形的面积并不困难。将如此做成的无限多的长方形的面积加起来，那么，图形面积即可获得了。

如果将当时的一般数学视为中学程度的话，牛顿的这个求积法就是大学程度了。不要说是威尔金士，换上别人，也不会了解。以这个求积法，牛顿曾计算了双曲线围成的面积达52位数。这一切，都是自己想做就做，并无意对他人说明，也无意发表。

"我总觉得有点莫名其妙，好，加油吧，来，喝一口。"

威尔金士递过酒瓶，牛顿为了应付，勉强喝了一口。

"什么？只喝那么一点？那，你拿这个。"

脸红红的威尔金士从口袋里抓钱出来数。

"没有拿钱的道理。"

牛顿急忙按住友人的手。

"这是蜡烛钱，我从来没买过一支，都是借你的光。没有你的蜡烛，我就得摸黑钻入棉被了。哈哈哈……想做牧师的那些家伙，不是虚荣好面子，就是假装有一肚子学问似的，真令人作呕！但你确实太好了！"

威尔金士硬把钱塞在牛顿手中，搂着他的肩膀。圣尊士学院的塔影，映在秋天夕阳中迎接他俩。

### 背景知识

## 哥白尼

哥白尼，1473年2月19日生于波兰维斯瓦河畔的托伦城。十岁丧父，由舅父瓦琴洛德抚养。十八岁时进克拉科夫大学，在校受到人文主义者、数学教授布鲁楚斯基的熏陶，抱定献身天文学研究的志愿，三年后转回故乡。当时已任埃尔梅兰城大主教的瓦琴洛德派他去意大利学教会法规。1497年—1500年间他在波洛尼亚大学读书，除教会法规外，还同时研究多种学科，尤其是数学和天文学。对他最有影响的老师是文艺复兴运动的领导人之一、天文学教授诺法腊。

哥白尼在意大利的时候，因他舅父的推荐，于1497年被选为弗龙堡大教

**著名天文学家哥白尼（1473—1543）**

堂教士。1501 年他从意大利回国，正式宣誓加入神父团体，但随即又请假再次去意大利。先在帕多瓦大学，同时研究法律与医学。1503 年，在费拉拉大学获得教会法博士学位。1506 年，哥白尼从意大利回到波兰。1512 年他舅父死后，他就定居在弗龙堡。作为教士的哥白尼，职务是轻松的，他把大部分精力都用在天文学的研究上。

哥白尼从护卫大教堂的城墙上选一座箭楼做宿舍，并选择顶上一层有门通向城上的平台作为天文台。这地方后来被称为"哥白尼塔"，自 17 世纪以来被人们作为天文学的圣地保存下来。

哥白尼的主要贡献是创立了科学的日心地动说，写出《天体运行论》一书。

哥白尼的学说不仅改变了那个时代人类对宇宙的认识，而且根本动摇了欧洲中世纪宗教神学的理论基础。"从此自然科学便开始从神学中解放出来"，"科学的发展从此便大踏步前进"。

# 发现光的奥秘

大学是一个王国。牛顿生平第一次乘坐驿马车旅行，进入王国之门的那一年，克伦威尔的遗体从西敏斯特被拖了出来。于是，那位流亡在法国的查理二世返国复位。

革命风暴已经平息，社会秩序日趋安定。其实，学术界并没有受到什么影响，尤其是牛顿的世界，好像是王国中的城堡，紧闭着城门，风平浪静。当牛顿听到克伦威尔的遗体被曝尸示众这件事后，在他心目中认为这是神的旨意，所以情绪上没有受到震撼。这四年多来，他始终心如止水，全副精神贯注于学问的钻研。他在这座城堡里开辟扩展了一个数学的花园，他创造出无限级数、二项式定理、求积法等。他的这座数学花园很像传说中巴比伦的巴贝尔塔附近吊于天空中的"空中花园"。不要说是辅导员，就连巴罗教授也无法窥视其奥秘。

这时候发生了一件大事，使得这位心无旁骛、钻研学问的牛顿也不禁胆战心惊，那就是可怕的鼠疫开始在英国流行了。这种令人恐怖的传染病，由老鼠身上的跳蚤传播病菌，死者的全身变得赭黑，所以又称"黑死病"。这种病传播起来非常迅速，死者成千上万，这就是它的可怕之处。

当时，英国首都伦敦是个被称为垃圾堆的不洁都市，这种地方性的疾病，就曾在伦敦间歇地流行着。

"牛顿同学，事情不好了！"

画家笔下欧洲鼠疫图

1665 年 8 月某一个酷热的日子，同室的威尔金士刚从伦敦回来就摇着正在专心读书的牛顿的肩膀喊叫。"空中花园"的主人缓缓抬起头来，愣愣地看着惊惶的室友。

"伦敦正因鼠疫陷入大混乱！"威尔金士再度强调一遍。

"这是伦敦的事情啊。"

牛顿又把视线落在书本上。伦敦距此和格兰萨姆距此是差不多的，并不很远，但与牛顿似乎没有丝毫的关系。

"牛顿同学，据说是去年开始流行的。"

牛顿仍专注书本。

"走在伦敦街上，这座 46 万人口的大都市街道上静悄悄地不见人影，大家都躲在家里不敢外出。上周就死了 4700 人，据说有一家 12 人全部死亡，乌鸦群集墓地。"

威尔金士耳闻目睹，愈说愈激动。牛顿终于不得不抬起头来，脑中同时想着色彩论和鼠疫两件事。

"看到剑桥居民用马车装载行李准备疏散到乡下的慌乱情形，相信你也会吓一跳的。"

"什么？"

牛顿脑中的色彩论消失了。

"你认为这次的鼠疫事件怎么样？牛顿同学。"

"当然很麻烦！"

"传说这是神在发怒，因为天主教徒和克拉廉敦的关系，你认为怎么样？"

克拉廉敦是拥护查理二世复位的政治家，由于微妙的因缘，成为众人憎恶的角色。

"我不知道该怎么说。"

把天主教徒和克拉廉敦与鼠疫牵连在一起，使牛顿脑筋混乱。他对于欧几里德几何学等具有完整形式的论理研究得很透彻，可是遇到这种稍稍脱轨的问题就很差劲了。不，是不想深入地思考。

17世纪伦敦人为躲避鼠疫纷纷出逃

当时，传染病的本体还是一个谜。因为细菌和病毒体还没有被发现，所以，唯一能做的，只有逃离疫区，此外别无他法。当时有一种明知无效，但很盛行的鼠疫治疗法是，将金凤花的根或番红花和以白葡萄酒煎煮服用。其实，患了鼠疫等于被宣告死刑。

恐怖的黑死病风暴横扫伦敦之后，蔓延到剑桥来了，大学不得不关闭停课。

牛顿一路看着难民的马车，回到了艾尔斯索普老家。

母亲汉娜被班杰明、玛丽和汉娜三个子女拥着出来，把手伸向儿子。牛顿那种学者似的风范，使得弟妹们与其说是亲近不如说对他有一份尊敬。黑色方帽和白袍，使个子不高的牛顿显得略为高大些。最小的妹妹汉娜，得到了节俭的哥哥的唯一礼物——橙子，高兴地微笑了，她们被从未见过的南国水果的芳香迷住了。

对于牛顿，从事研究的工作，在大学或是在家里都是一样。返回平静老家的大学生在自己的房间里打开了包袱，取出从事天体光学研究的工具，有锤子、烧瓶、磁铁、磁针、心轴、雕刻刀、砥石丫棱镜、凸透镜、凹透镜、平面镜、球面镜、方解石、望远镜、显微镜等。书籍有马尔契的《汤玛斯的女儿》、哥白尼的《天体运行论》、开普勒《光学》、笛卡尔的《几何学》等，在桌上堆积如山。投下所有薪水购买的物品，实在琳琅满目。光学实验器材的齐全，可以说是当时世界第一的。

**牛顿在做试验**

牛顿知道棱镜可以形成"虹"。等不及日光从窗口射入，他从早晨就开始"光的分解"的实验。棱镜的近棱的一端出现红色，远的一端则为紫色。那七色带子有一种百看不厌的美，但看不出端倪。

牛顿翻阅安东尼·德·多米尼的书："棱镜近棱一端的玻璃较薄，暗度较小。所以通过这里的光呈现红色，因为暗度小的光是红的。相反的，离棱远的部分，玻璃厚而暗。所以通过这里的光呈紫色，因为暗度大的光是紫色。"

对于此说，牛顿总是没法了解，想了几天也想不出道理。于是再查阅马尔契的《汤玛斯的女儿》，见到了标明显著的另一种说法："种种的颜色是折属性不同的光的部分。棱镜形成的色带，是由于光从太阳的不同部分出发，以不同的角度进入棱镜形成的。"

马尔契的学说开头的部分倒是不难理解，可是以后的部分却也是怪怪的。牛顿想到了妙招，他把一个棱镜形成的色带——光谱，通过摆成逆向的另一棱镜来看，结果七色消失，回复成原来的白光。

白光分解为七色，所以把它们集合起来就再成为白光。

牛顿清楚地透视到了真理。他为什么做得到呢？是因为以实验为武器。普通的学者翻烂了多米尼或马尔契的书，想求得真理，牛顿知道那并不是正途。

组合三棱镜的实验中，通过暗度小的部分的光，接着是通过暗度大的部分而成为白光。这就可以推翻多米尼之说了。

想断定马尔契学说正确与否，非得把光源弄小不可。

牛顿想在多米尼之后接着推翻马尔契学说，于是着手进行实验。

他试着以烛焰代替阳光，则见光谱中颜色的顺序和宽窄完全一样。把烛光遮住一半，只见亮度减弱，光谱并无变化。

接着使用望远镜做星光的光谱，虽比烛光来得暗，但颜色顺序和宽窄仍是一样。

牛顿在光的分解方面终于获得了真理。但是，这并非是他的最终目的。

牛顿所持有的望远镜是伽利略发明的型式，想要把倍数放大的时候，像上就有虹彩。他希望

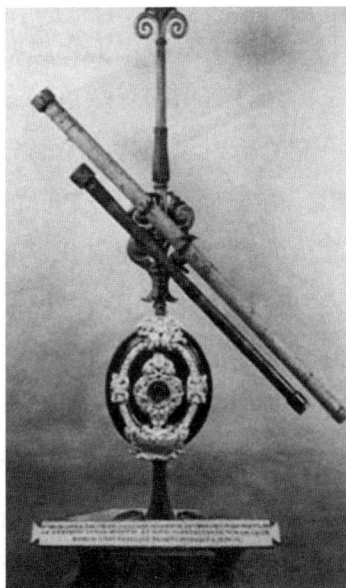

**伽利略发明的折射望远镜**

能把虹彩消掉，做出倍数大的望远镜，这是牛顿的最终目的。因此，非得把形成虹的原因找出来不可。

形成虹的原因是光的折射，那么做出没有折射的望远镜就行了。由这一观念，产生了反射望远镜。

小时候就喜欢劳作的牛顿手艺比技工还精巧，他把铜片磨凹做成凹面镜。用这个铜的凹面镜做了长 15 厘米，直径 2.5 厘米的小望远镜，倍数是 40 倍，性能之佳，使长达 1.3 米的伽利略式望远镜望尘莫及。这是牛顿制作的第一架反射望远镜。

完成这一大发明时，牛顿在夜里带了幼小的弟妹到庭院，陪他们观察月球表面、土星的环、木星的卫星等。

"好漂亮的星星!"

"月亮好美丽哟!"

孩子们的话使刚满 20 岁的年轻科学家得意地凝望着天空。

在光学方面，牛顿也取得了巨大成果。他利用三棱镜试验了白光分解出的有颜色的光，最早发现了白光的组成。他对各色光的折射率进行了精确分析，说明了色散现象的本质。他指出，由于对不同颜色的光的折射率和反射率不同，才造成物体颜色的差别，从而揭开了颜色之谜。牛顿还提出了光的"微粒说"，认为光是由微粒形成的，并且走的是最快速的直线运动路径。他的"微粒说"与后来惠更斯的"波动说"构成了关于光的两大基本理论。此外，他还制作了牛顿色盘和反射式望远镜等多种光学仪器。

在牛顿以前，墨子、培根、达·芬奇等人都研究过光学现象。反射定律是人们很早就认识的光学定律之一。近代科学兴起的时候，伽利略靠望远镜发现了"新宇宙"，震惊了世界。荷兰数学家斯涅尔首先发现了光的折射定律。笛卡尔提出了光的微粒说。

牛顿以及跟他差不多同时代的虎克、惠更斯等人，也像伽利略、笛卡尔等前辈一样，用极大的兴趣和热情对光学进行研究。1666 年，牛顿在家休假期间，得到了三棱镜，他用来进行了著名的色散试验。一束太阳光通过三棱镜后，分解成几种颜色的光谱带，牛顿再用一块带狭缝的挡板把其他颜色的光挡住，只让一种颜色的光在通过第二个三棱镜，结果出来的只是同样颜色的光。这样，他就发现了白光是由各种不同颜色的光组成的，这是第一大贡献。

牛顿为了验证这个发现，设法把几种不同的单色光合成白光，并且计算出不同颜色光的折射率，精确地说明了色散现象，揭开了物质的颜色之谜，原来物质的色彩是不同颜色的光在物体上有不同的反射率和折射率造成的。公元 1672 年，牛顿把自己的研究成果发表在《皇家学会哲学杂志》上，这是他第一次公开发表的论文。

许多人研究光学是为了改进折射望远镜。牛顿由于发现了白光的组成，认为折射望远镜透镜的色散现象是无法消除的（后来有人用具有不同折射率的玻璃组成的透镜消除了色散现象），就设计和制造了反射望远镜。

光学和力学一样，在古希腊时代就受到注意。用于天文观测的需要，光学仪器的制作很早就得到了发展，光的反射定律早在欧几里得时代已经闻名，但折射定律直到牛顿出生之前不久才为荷兰科学家 W.斯涅耳所发现。玻璃的制作早已从阿拉伯辗转传入西欧。16 世纪荷兰磨制透镜的手工业大兴，把透镜适当组合成一个系统就可成为显微镜或望远镜。这两种仪器的发明对科学发展起了重大作用。

光的颜色问题早在公元前就有人在作猜测，把虹的光色和玻璃片的边缘形成的颜色联系起来。从亚里士多德以来到笛卡尔都认为白光是纯洁的、均匀的，是光的本质，而色光只是光的变种，他们都没像牛顿那样认真做过实验。1666 年，他用三棱镜研究日光，得出结论：白光是由不同颜色（即不同波长）的光混合而成的，不同波长的光有不同的折射率。在可见光中，红光波长最长，折射率最小；紫光波长最短，折射率最大。牛顿的这一重要发现成为光谱分析的基础，揭示了光色的秘密。牛顿还曾把一个磨得很精、曲率半径较大的凸透镜的凸面，压在一个十分光洁的平面玻璃上，在白光照射下可看到，中心的接触点是一个暗点，周围则是明暗相间的同心圆圈。后人把这一现象称为"牛顿环"。他创立了光的"微粒说"，从一个侧面反映了光的运动性质，但牛顿对光的"波动说"并不持反对态度。1704 年，他出版了《光学》一书，系统阐述他在光学方面的研究成果。

从 1670 年到 1672 年，牛顿负责讲授光学。在此期间，他研究了光的折射，表明棱镜可以将白光发散为彩色光谱，而透镜和第二个棱镜可以将彩色光谱重组为白光。

他还通过分离出单色的光束，并将其照射到不同的物体上的实验，发现了色光不会改变自身的性质。牛顿还注意到，无论是反射、散射或发射，色光都会保持同样的颜色。因此，我们观察到的颜色是物体与特定有色光相合的结果，而不是物体产生颜色的结果。

从这项工作中，他得出了如下结论：任何折光式望远镜都会受到光散射成不同颜色的影响，并因此发明了反射式望远镜（现称作牛顿望远镜）来回避这个问题。他自己打磨镜片，使用牛顿环来检验镜片的光学品质，制造出了优于折光式望远镜的仪器，而这都主要归功于其大直径的镜片。1671年，他在皇家学会上展示了自己的反射式望远镜。皇家学会的兴趣鼓励了牛顿发表他关于色彩的笔记，这在后来扩大为《光学》一书。但当罗伯特·虎克批评了牛顿的某些观点后，牛顿对其很不满并退出了辩论会。两人自此以后成为了敌人，这一直持续到虎克去世。

牛顿认为光是由粒子或微粒组成的，并会因加速通过光密介质而折射，但他也不得不将它们与波联系起来，以解释光的衍射现象。而其后世的物理学家们则更加偏爱以纯粹的光波来解释衍射现象。现代的量子力学、光子以及波粒二象性的思想与牛顿对光的理解只有很小的相同点。

在1675年的著作《解释光属性的解说》中，牛顿假定了以太的存在，认为粒子间力的传递是透过以太进行的。不过牛顿在与神智学家亨利·莫尔接触后重新燃起了对炼金术的兴趣，并改用源于汉密斯神智学中粒子相吸互斥思想的神秘力量来解释，替换了先前假设以太存在的看法。拥有许多牛顿炼金术著作的经济学大师约翰·梅纳德·凯恩斯曾说："牛顿不是理性时代的第一人，他是最后的一位炼金术士。"但牛顿对炼金术的兴趣却与他对科学的贡献息息相关，而且在那个时代炼金术与科学也还没有明确地区别。如果他没有依靠神秘学思想来解释穿过真空的超距作用，他可能也不会发展出他的引力理论。

1704年，牛顿著成《光学》，其中他详述了光的粒子理论。

他认为光是由非常微小的微粒组成的，而普通物质是由较粗微粒组成，并提出这样的疑问："如果通过某种炼金术的转化，难道物质和光不能互相转变吗？物质不可能由进入其结构中的光粒子得到主要的动力吗?"牛顿还使用玻璃球制造了原始形式的摩擦静电发电机。

# 由苹果落地到万有引力

剑桥大学的学术气氛消失了，充满威严的建筑物，如今已空空洞洞的，神圣的礼堂变成不祥的老鼠窝。不论哪个学院都不见人影，只有灰色的小动物以令人不安的骚动声，到处奔走，等到没有东西可吃，它们就留下了因鼠疫而死的同伴离开了。学问的殿堂，成为死寂的世界。

1666年的年底，仅伦敦就有七万多死于鼠疫的人。三分之二的人早已逃到外地去了，剑桥也差不多是这个样子。

**静静思索的牛顿**

剑桥大学的门不敢随便再开。教授或学生有的死了，有的到乡下过无聊的日子。直到这些人回来，学问之火却已熄灭无踪了。

但是牛顿却不同。他在艾尔斯索普的家，以研究学问的立场来说，一点也不亚于大学，因为他是无需受教或与人讨论的。

着眼于光的分解的研究，完成了反射望远镜，作为科学家一生的成就，足以令人欣慰。

但是，牛顿却不骄傲自满，他认为这只是翻开了真理发现史的一页而已。

那段时期，萦绕在这个大学生头脑里的是月球和重力。

鼠疫休假的第二年夏天，有一次由于酷热，牛顿来到庭院，坐在苹果树荫下。

牛顿看苹果落地

山丘上吹来的微风拂弄着牛顿的金发。他坐着眺望从小就看熟了的景色。

"啪!"

他眼前落下了一个苹果。

"好直啊!"

对于这种理所当然的事情，竟然会感动，牛顿也觉奇怪。对于自由落体运动，不知不觉间，他有新的观点萌发了。

"苹果是向地球中心坠落的。"

几何学的想法把苹果和地心连

第三篇 天才大学生

成一直线，但是，物理学的想法却不允许。

"为什么苹果会向地心方向坠落？"

这是难题。但是，以问题的性质来说，是可以论理解决的。以单纯的三段论法可这么说吧：

一、某物体为他物体所吸引，则向该方向运动；

二、苹果向地心方向运动；

三、所以，地心吸引苹果。

这就是牛顿的论理。但是，地心只是一个点而已，说点能吸引苹果就怪了，所以牛顿就想到一切物质有引力。以地球来说，他认为地球各部分的引力集中于地心。

牛顿此时又推论，如果说地球吸引苹果的话，那么苹果也在吸引地球。他把苹果和地球同样地视为物质。

如此推想得到的结论是，物质吸引物质的力弥漫在整个宇宙。这就是所谓的万有引力的思想。

牛顿心里正在建立一个不变的原则，物理学上的真理非用数学的语言表示不可。不做到这一点，牛顿是不满足的。

牛顿在一边看书，一边思考问题

"这个苹果在月球上的话，也会直落下来吗？"

万里晴空中，如画的月球，白白淡淡地悬挂着。牛顿认为月球上的苹果，不直落于地球表面，而一定直落于月球表面。牛顿又认为，月球上的苹果直落于地球的话，月球也一定会落到地球上来。

但是，月球为什么不落到地球上来呢？

月球和苹果都是物质，一个落下，另一个却不落下，那就不公平了。神不会不公平的。他碰到这一难题，想来想去地很感头痛。他看着月亮瘦下去又胖起来，月亮似乎也在天上看着这个烦恼的青年。

"月球也在落呀!"

某一满月的夜晚，牛顿拍了一下大腿，他想通了，高兴无比。

起初，牛顿一直在想苹果要拿到多高才不会落到地面。又觉得把苹果拿到像月球那样高才不会落下的想法是可疑的。

玉盘一般的月亮不觉间向南移转。当然，月亮的大小与升上东方天空时差不多。正是因为月球在转，所以大小才会经常一样。如果月球不绕地球旋转，月球就会离开地球，飞向宇宙的另一方，那么月球看起来就会愈来愈小。

牛顿再度仰望月球。

月球不落到地面上来，不是因为在高的地方，而是因为绕着地球在旋转。即使是苹果，不必拿到月球那么高，只要能让它绕着地球旋转，也就不会落到地面上来了。

外表上，物体的落下有两种。

苹果离开树木后的运动是落下。此一落下的结果是：苹果啪的一声落到地面上。月球的运动也是落下。此一落下中，月球不落在地面上，而略微地保持一定距离，绕着地球旋转。但是，月球仍是在落，如果月球不是在落，应该会停止圆周运动，渐渐远离地球而去。

地球吸引月球和苹果的力有多大的不同呢？天体的引力与距离有怎么样的关系呢？

这个自由自在的头脑，从苹果向月球，再从月球向一般天体，做了三级跳。这绝不是盲目地飞跃，这是受到开普勒的引导。关于行星的运动，开普勒发现了三条有名的定律。其中之一是："行星公转周期的平方，与该行星和太阳间距离的立方成正比。"

以地球和水星为例。离太阳的平均距离，地球是水星的26倍，其立方约为17。地球的公转周期是水星的41倍，其平方约为17。只要这两个数目字同为17，开普勒就满意了。

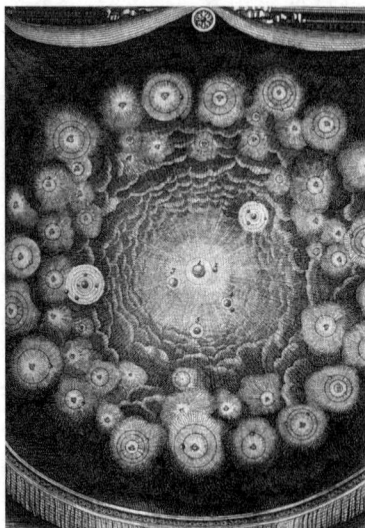

牛顿的万有引力

这个叙述行星与太阳的距离和公转周期关系的定律，引导牛顿走向行星了。

天体引力的大小，到底与距离有怎么样的关系呢？

于是，这个青年数学家面对书桌计算起来，出现在数式中的符号，谁也没有见过。这是牛顿在前年秋天发明的叫作微积分的新算法（当时称为流分法）。

行星在轨道上运动时，稍微一前进，方向就会发生变化，是因为曲线运动的关系。微积分是可以计算这种流动的量的数学。牛顿把自己独特的数学思想应用到开普勒定律。结果证明太阳引力和太阳到行星的距离的平方成反比，则行星的运动即合乎开普勒定律。

牛顿已经抓到了运动的法则，"力"已经可用数学语词来表示了。力和加速度的关系，是刚满23岁的青年独立开辟的世界。

牛顿对于微积分的威力，自己也颇感惊异。他以通宵用功而充血的双眼望向窗外，黎明前的天空，星星正眨着眼睛向他微笑，满月也将隐向西方。

对了，月球是以多大的速度落向地球呢？

牛顿再计算出月球在1分钟内落下的距离，这种问题对他是易如反掌。月球旋绕地球一次的时间——公转周期是已经知道的，月球和地球的距离也已知道。以简单的算术计算，答案是13.5米，苹果1分钟落下的距离是5400米。

这就糟糕了！

牛顿双手抱头，感到困扰起来。地球的引力与距离平方成反比的话，月球1分钟落下的距离该是15米才对啊。

牛顿失望地上床。

证明出牛顿的万有引力定律的15米之差，是由于观测地球大小的不正确所致，那是很久以后的事了。

### 背景知识

## 开普勒定律

开普勒定律也统称"开普勒三定律"，也叫"行星运动定律"，是指行星在宇宙空间绕太阳公转所遵循的定律。由于是德国天文学家开普勒根据丹麦天文学家第谷·布拉赫等人的观测资料和星表，通过他本人的观测和分析后，于1609—1619年先后归纳提出的，故行星运动定律即称为开普勒三定律。

具体内容为：

开普勒在 1609 年发表了关于行星运动的两条定律：

开普勒第一定律（轨道定律）：每一行星沿一个椭圆轨道环绕太阳，而太阳则处在椭圆的一个焦点中。

开普勒第二定律（面积定律）：从太阳到行星所连接的直线在相等时间内扫过同等的面积。

1618 年，开普勒又发现了第三条定律：

开普勒第三定律（周期定律）：所有的行星的轨道的半长轴的三次方跟公转周期的二次方的比值都相等。

1619 年，他出版了《宇宙的和谐》一书，介绍了第三定律，他写道：

"认识到这一真理，这是超出我的最美好的期望的。大局已定，这本书是写出来了，可能当代有人阅读，也可能是供后人阅读的，这一点我不管了。"

著名天文学家开普勒

开普勒定律的意义：

首先，开普勒定律在科学思想上表现出无比勇敢的创造精神。远在哥白尼创立日心宇宙体系之前，许多学者对于天动地静的观念就提出过不同见解。但对天体遵循完美的均匀圆周运动这一观念，从未有人敢怀疑。开普勒却毅然否定了它。这是个非常大胆的创见。哥白尼知道几个圆合并起来就可以产生椭圆，但他从来没有用椭圆来描述过天体的轨道。正如开普勒所说，"哥白尼没有觉察到他伸手可得的财富"。

其次，开普勒定律彻底摧毁了托勒密的本轮系，把哥白尼体系从本轮的桎梏下解放出来，为它带来充分的完整和严谨。哥白尼抛弃古希腊人的一个先入之见，即天与地的本质差别，获得一个简单得多的体系。但它仍须用三十几个圆周来解释天体的表现运动。开普勒却找到最简单的世界体系，只用七个椭圆就全部解决了。从此，不须再借助任何本轮和偏心圆就能简单而精确地推算行星的运动。

第三，开普勒定律使人们对行星运动的认识得到明晰概念。它证明行星世界是一个匀称的（即开普勒所说的"和谐"）系统。这个系统的中心天体是太阳，受来自太阳的某种统一力量所支配。太阳位于每个行星轨道的焦点之一。行星公转周期决定于各个行星与太阳的距离，与质量无关。而在哥白尼体系中，太阳虽然居于宇宙"中心"，却并不扮演这个角色，因为没有一个行星的轨道中心是同太阳相重合的。

由于利用前人进行的科学实验和记录下来的数据而作出科学发现，在科学史上是不少的。但像行星运动定律的发现那样，从第谷的 20 余年辛勤观测到开普勒长期的精心推算，道路如此艰难，成果如此辉煌的科学合作，则是罕见的。

牛顿躲避瘟疫在家乡住的那段时间里，有一个我们都熟悉的故事，就是一个普通的苹果恰到好处地掉落在牛顿的头上，而牛顿也即时触发了关于重力学说的伟大发现。但事实上，这仅仅是一个美丽的故事而已。在现实中，无论这个知识是多么地深奥，对科学的发展起到了多么惊天动地的影响，它都不会是如此传奇地发生，它的发展过程必然要比美丽的传说故事平淡得多。利用万有引力概念说明天体运行的规律，进而以月球的运动对此加以验证，是牛顿一生贯穿始终的事业，也是牛顿引以为骄傲的一项成就。如此伟大的成就发生在如此神奇的年代，而广为流传的苹果落地的故事更使这一成就家喻户晓。

早在古典文化发展的开始，亚里士多德就注意到天体的运动有两个明显的特点。一是所有的天体都作圆周运动，二是所有这些运动都是永恒的，经年累月不见衰竭。然而地面上的任何东西，不是上升如袅袅炊烟，就是下落如高山坠石，没有一件能自由地做圆周运动。多么奇怪啊！而且，物体不管运动持续多久，终有止息的一刻。因此亚里士多德认为，天地万物是分为两大类的：一类是"月上"物体，也就是日月星辰；一类是"月下"物体，即我们日常所见的种种物体。但是，自第谷观察彗星，打破了月上月下的界限，对天体运行的原因和本质，无数的学者有了全新思考。开普勒认为是碰力，笛卡尔解释作涡漩，但是，他们的解释都没有很好的证据来证明，因此所有的学者都不是很满意。特别是17世纪中叶以后，笛卡尔的涡漩学说受到了大家的普遍怀疑。

在牛顿的时代，月亮依然是所有天体中最特别的一个，它离地球这么近，体积却这么小，而且月球绕地球运行是久为人知的事，更重要的是，运动的惯性定律渐为当时的学术界所了解和接受。然而，也因为如此，"月球为什么不飞离地球"就成了大问题。因为按惯性定律，任何物体如无外因干涉，当做直线运动，所以月球的圆周运动就需要一个解释。

　　牛顿是喜欢笛卡尔和亚里士多德的，月亮是特别的，因此他们遗留下来的问题让牛顿想破了脑袋。那个时候，牛顿已经开始对圆周运动的本质进行了认真地研究。他注意到，实现圆周运动的一个必要条件是必须持续不断地修正运动方向。牛顿最初把这种修正想象为一个环状的框，运动中的小球被限制在其中，不断地在框的内壁上反弹，于是小球沿圆周切线方向飞离的"倾向"不断地被克服，小球遂沿着环形路线运动。

　　那么，月球运动的原因是什么呢？对于月球，要实现其圆周运动，不使它沿切线方向飞离，也需要一个能时时修正其运动方向的因素。是宇宙中的涡漩推动的吗？牛顿明白并不是这样的。坐在自己家的果园里思考问题的牛顿，注视着掉落在他面前的苹果，苹果和地球上其他物体一样，都随着地球在宇宙中高速地旋转着。那么为什么苹果不会有往外飞的，而是纷纷向下掉落在了地面呢？虽然牛顿并不是一下子就明白了万有引力，但是，苹果的确给了他很大的启示。

　　苹果是普通的苹果，苹果掉落地面，月球绕着地球运转，牛顿很自然地想到引起苹果下坠的力充当了让月球脱离直线轨道这个因素。如果这力能延伸到月球轨道，那么月球也会像苹果一样落向地心。如果月球下落的距离恰为地球表面的弯曲所抵消，月球就既不会飞离地球，也不会落向地球，而能始终和地面保持相等的距离，即在一个环绕地球的圆形轨道上运行。这正是我们所熟知的现象。

　　月球和苹果同时存在，牛顿却能在一棵苹果树下将思想延伸到广阔的宇宙。他进一步分析指出：

第三篇　天才大学生

既然月球绕地运行的周期是已知的，那么利用月球到地球的距离，可以算出月球在其轨道上运行的线速度。这个速度引起的月球脱离圆形轨道沿切线方向飞离地球的"倾向"，也可以通过计算得出。既然上文要求这种倾向应当恰恰被月球的"下落"所抵消，那么引起苹果下落的重力延伸到月球轨道时想必恰恰等于上述离心倾向。假定重力是按距离的平方反比规律变化的，它延伸到月球轨道时的大小也就能通过计算得出。如果这一结果恰与月球的离心倾向相合，则月球的运动就得到了定量的说明。

牛顿的解释方案与亚里士多德基于"天体运动的完全美和永恒"的哲学以及笛卡尔的涡漩学说相比，有一个明显的长处，即他的理论是数学化的，从而可以利用数学进行推理，而结果也可以利用观测和实验来检验。我们如果细看牛顿的说法，就可以知道要完成他的验证，首先要算出月球脱离地球的"倾向"，即我们现在所谓的离心力，然后要能证明重力是按平方反比的规律起作用的。

这可是很麻烦的事情，要算出月球飞离地球的倾向即月球的离心力，必须知道月球绕地球一周的时间和月球到地球的距离；要根据平方反比定律算出延伸到月球轨道上的重力的大小，则必须知道地球表面的重力，即我们今天所谓的重力加速度和月球到地球的距离。

这个现在我们看来也挺麻烦的问题，对当时的牛顿来说更是相当困难的，其实，他并不知道要用什么计算方法，但是他发现用一些方法可以得到相近的答案。不过，我们现在利用牛顿当年可能采用的那些经验数据，按新的思路重新计算，结果似乎并不是牛顿所说的"差不多密合"。当然，这涉及很多的因素。

首先，当时的计量单位很不准确，而且，不同单位间的换算也没有统一的标准。其次，要真正用月、地检验来验证万有引力定律，除了当时的数据尚不准确，尤其是地球半径值严重偏小外，还有一系列的理论问题。当时牛顿把地球和月球均当作一个数学点处理，这一做法的合理性的严格证明还要再等将近二十年才最终完成。此外，按照当时的物理学，碰撞是唯一的可以想象的力的作用。因此，要假定引力能延伸到月球轨道，必须对力的本质有所说明。我们可以看到，牛顿为此还要再努力十几年。

事实上，理论和估算两方面所反映出的这么多的问题，甚至使牛顿考虑过引力之外其他因素作用的可能。牛顿在这些问题中所遭遇到的复杂和艰难，终于迫使他暂时放开了引力和天体运动问题，而转向了对其他问题的研究。

要把力的作用延伸到月球轨道上去，仅仅破除亚里士多德和笛卡尔的观念还是不够的。1666 年夏天，牛顿在苹果树下徘徊时，考虑得更多的恐怕不是如何摧毁这两位大师的体系，而是如何建立与之抗衡和竞争的新体系。

在牛顿的研究过程中，他为运动给出了自己的定义，他说：

> 物体离开一个地方或空间的一个部分，通过中间的空间而进入另一个地方，就是运动。

之后他又给出了运动的平行四边形相加法则，以及我们今天称为刚体的物体运动和转动，以及两个转动运动的相加。对于旋转的物体，牛顿注意到"每一物体保持相同的圆周运动的量和速度，除非有别的物体阻碍它。而且，它们还保持相同的旋转轴线"。除了关于运动的定义外，牛顿还对运动进行了比较直观的描述性地解释。但是如果要把这些真正深入下去，他还必须回到哲学上来。如此一来，他就要对笛卡尔的理论进行猛烈批判。

对笛卡尔了然于心的牛顿，认为笛卡尔的理论是"荒谬的"，不仅推论混乱，而且也不合于事实。但是，他要摧毁笛卡尔也不是这么简单的。首先是空间的问题。既然要排除笛卡尔的无所不在的以太，既然要否定亚里士多德的"月上"和"月下"的分界，那就必须回答，你所说的"延展"是什么意思，你所说的"运动"和"方向"又是什么意思。对于笛卡尔来说，"延展"就是依次通过无数个涡漩，"运动"就是运动物体穿过那无所不在的以太的海洋，改换它们的相对位置。对于亚里士多德来说，"方向"就是指向地心的——万物自然奔赴的方向，或者和地心相反——指向苍穹的方向，上下说明清楚了，万物才有次序。它们可以向上运动，也可以向下运动，或者向别的方向运动，而这一方向可以很容易地通过和"上"或"下"的比较描写出来。现在的问题是，如何重新定义这些本来对任何人说来都不需要定义的东西呢？

空间的问题一直困扰着牛顿。其实，如果我们从直觉考察，"空间"并不是一个困难的概念，譬如说在一间一无所有的极大的房间，这就是空间很好的样板。但是牛顿很快就想到，这个空房间给出的空间样式正是亚里士多德或笛卡尔所谈论的空间，它的存在是靠"房间"的存在来保证的。有了这样一个有上下左右四四方方的房间样式，我们才有一个安全的可以想象的"空间"可言。你或者可以想象，这房间不断地伸展，变得越来越大。但如果抛弃房间的概念，你怎么想象一无所有的虚空在延伸，你怎么能谈论　无所有的虚空的种种性质呢？

而牛顿所要的，是一个不依赖物体而存在，自己是自己的原因的空间。这就有些麻烦，而要讨论虚空则更让人头疼。正如牛顿自己所说：

> 关于虚空本来应该没有什么可以说的，更不必谈虚空的性质，可是我们对延展却真的有格外清晰的观念，所谓的延展就是抽掉物体的样式和性质，而只剩下空间在长宽高各方向上均匀地无限地伸展出去……

大师毕竟是大师，牛顿的话真的很难理解，那么让我们回到刚刚的大房子的空间中来。在笛卡尔哲学中，所谓空间，完全依赖于"房间"这样一个宝物。在这个房间的墙角，墙和墙以及墙和地板相交，形成一条相互垂直的线，分别是这房间的长宽高的度量。但是，如果墙面和地板慢慢消去，剩下来的就只有三条相互垂直的线，这标志着一个一无所有的虚空。牛顿自己都承认，这样无限的虚空是很难想象的。上面的说法只是便于想象而已，而且从本质上说，这种比拟并没有真正摆脱笛卡尔的"依赖于物体"的前提。事实上，空间是至大无外的，为了真正建立起这样的概念，牛顿只能采用从部分定义整体的办法。他说：

　　所谓空间是可以分割为部分的，而这些部分的交结部分就是"面"；面又是可以分割的，两个面的交结就是"线"；再把线分割成两段，其交结部分就是"点"。线和面都可以无限地延伸，空间于是展现为无限的。

　　我们可以理解这种无限的延展，那么我们也能理解，一定还有比我们所能想象的更大的延展存在。因此牛顿是完全批判笛卡尔否定无限的论述。牛顿认为，笛卡尔之所以否认空间的无限性，是因为他无法把这种无限性同上帝的无限完美协调起来。牛顿认为这不是个问题，因为无限只有被赋予完美的事物时才是无限完美。无限的智慧是最高品位的完美，但无限的愚昧是最低品位的完美。牛顿关于空间的无限性的论述的重要之处在于，这种无限性是空间的一系列性质的基础。空间是无限的，所以空间是真正静止的，于是牛顿为所有的运动找到了一个最终的绝对的参照物。可是空间又是所有事物存在的场所，事物在其中延续，因此空间本身是永恒的。牛顿认为，这儿我们所看见的，正是上帝的完美永恒和无所不在。

　　那么"存在"是什么呢？这又是一个让牛顿头疼的问题，但是不解释存在，他就无法解释清楚他的体系，他的力。因此，牛顿说：存在就是"不比物体更不实在的东西，或者它们还可以被叫作实物"。

　　有了空间，有了物体以后，牛顿转向了"力"的概念。和空间的概念相比，力的概念要困难得多了。在这里，牛顿遭遇的困难更是无法比拟，这可以从他的用语中清楚地看出来：

力是运动和静止的决定性的因素。有产生或消灭或改变有些物体运动的外力，也有内因，物体已有的运动或静止因之得以保存，物体得以继续保持其状态，抗拒阻力。

多么晦涩难懂的表述！在这里，牛顿又很明显地采用了亚里士多德的运动的冲量概念来解释运动。这些定义的晦涩拗口，用词的任意含混，各个不同的哲学体系中的术语在不同的意义上的夹杂使用，也许正是这些使得牛顿在艰难中摸索着、爬行着。他还徘徊在亚里士多德、中世纪以及笛卡尔的概念的阴影中。也许我们还要再等一两年，才有机会看见按平方反比定律并且不需要任何媒介就能起作用的力的概念出现在牛顿的手稿里。

# 第四篇　走向荣耀

你该将名誉作为你最高人格的标志。

——牛顿

## 制作反射望远镜

牛顿头像

通往伦敦的哈门公路上，有一辆驿马车在奔驰，颠簸得很厉害，好像随时会翻覆似的。

光秃的山毛榉和道路两边的枯草迅速地飞向后方。

山野中不见人影，也不见牛羊游荡。

驿马车中只有一个客人，那个年轻人闭目沉思，他就是在回想鼠疫流行的日子和回校以后怎样生活的牛顿。

经过一年半黑暗的岁月，剑桥大学好不容易又灯火辉煌了。1667 年的 3 月 24 日，牛顿回到了三一学院自己的房间里。

最先迎接他的是室友威尔金士。

"鼠疫休假颇有趣的。"

威尔金士滔滔不绝地说些牛顿不感兴趣的话。牛顿随声应和，他不愿拂逆人意，伤了和气。威尔金士只要把想讲的话一下子全抖了出来，就会感到满足了。

也许是从小在乡下长大的关系吧，牛顿一进入这座哥特式建筑物的圆屋顶，那份本可自由飞翔的心，突然间失去了活力。那个推究出微积分、透视出光分解的真理、发明反射望远镜、建立万有引力定律的杰出头脑，不知隐藏到哪里去了！心底涌现出的智慧之泉，也不知何时，好像已经枯竭！

那年秋天，牛顿被推荐为特别校友，可以领到年薪 200 镑，从此脱离工读生的苦境，牛顿感到安心了。不过得担任辅导员，负责两个学生的个人教授，房间也得搬到正门上面的三楼。

牛顿对教书没有兴趣，所以讲课时不热心而流于平淡，倒霉的是学生。但是，牛顿是不会注意到这一点的。牛顿几乎很少到学院外面去，偶尔外出，买好了书籍、器材、药品

**牛顿所设计的反射式望远镜绘图**

等，就一路回学院。

"你又要做什么呢？"有一天，威尔金士问牛顿说。

因为牛顿又在倾囊搜购奇妙的东西了。房间里，铜片、焦油、玻璃板、沙、木板、瓶装的砒素等堆集如山，还有放上坩埚的炉子。

"做望远镜啊。"牛顿回答得很干脆，反而使威尔金士疑惑了。

"望远镜？"

威尔金士脑中的望远镜是前端有凸透镜，靠近眼睛的一端有凹透镜的伽利略式，现在却看不到要用于望远镜的大片的透镜，他心想："一定是奇怪的望远镜！"

"是反射式的。"牛顿说。

"嗯。"

威尔金士不知牛顿的葫芦里卖的什么药。

牛顿用木板做了一个四方形的浅底箱，装上了沙，就把沙表面弄凹或弄凸地做起来了。

"喂，在做什么呢？"

"铸型。"

牛顿慢吞吞地回答。接着，在木板上画了纵横的平行线。然后看着记在纸片上的数值，在方格上取点。

"是抛物线吧，牛顿先生。"

"嗯。"

"让我帮忙，好吗？"

威尔金士把板上取的各点，以铅笔连接起来，画出了缓和的曲线。牛顿以雕花锯顺着曲线锯开，做成了抛物线的定规。

牛顿把抛物线定规放在沙面旋转，做出了规律整齐的凹面，也就是抛物面的铸型。

"想必是用这个来铸成玻璃透镜吧。"威尔金士自以为猜对了，挺着胸膛说。

"不，是铸铜做反射镜。"

威尔金士哑口无言了。牛顿在房内角落的炉子里以焦炭起火，把铜放进大坩埚内，并加入了一点砒素。牛顿把熔成赤红色液体的铜倒入沙模（铸型）里面，不久就冷凝成馒头形的厚铜片，待它冷却后，从沙模剥起来。牛顿凝视着它，笑容满面。这是用来研磨反射镜时用的工具。

以彤花锯锯下抛物线定规时，分离的木板也成为定规，牛顿就用来铸成类似凹透镜的厚铜片。

把两片厚铜板重合，当然是紧紧地密合了。他把先做成的铜片放在桌子上，在凸面涂上了熔解的焦油，再把后做成的铜片用水濡湿后，与焦油摩擦，这是为了做成同样厚薄的胶黑物质层。

牛顿把白涂料（将贝壳烧制而成的柔细白粉）撒在先做成的铜片凸面（上涂焦油）上，然后把后做成的铜片重叠其上，以两手压住，用力摩擦。

"刷刷……刷刷……"是用白涂料磨光铜面的声音。牛顿忘了时间，继续地磨。摩擦声愈来愈小，终于若有若无，这是白涂料压入焦油中的缘故。于是，有耐性的他，徐徐地擦了擦汗，拿起上面的铜片，看到凹面磨得亮光光的，满意地笑了。

他又将白涂料撒在焦油上，用力地摩擦。如此重复了许多次，终于做成了一点也不模糊的光亮的铜凹面镜。

这种精巧的手艺，当时一流的工匠也没人能及得上。他那种努力的程度，确实与一般人不同，往往做到深夜两三点钟，有时直到五六点钟，甚至忘记吃饭也是常有的事。

只要反射镜做好，其后就没有什么困难的工作了。圆筒、支持台等要装的零件虽多，以牛顿的能力来说是很简单的。将直径15厘米的反射镜装置在圆筒底部，再把小的平面镜以45度的倾斜度装置在圆筒内，以接受反射来的反射光线，并经圆筒侧面的洞导至外面，以透镜来窥视，这就是牛顿发明的反射望远镜的基本构造。

这个望远镜的口径为艾尔斯索普时做的望远镜的六倍，将它对向夜空时，月球表面、土星的环、木星的卫星等都清楚地映入牛顿眼中。

牛顿也曾在晴夜里带着这个望远镜登塔，对着一个行星又一个行星仔细地观察，脑子里思考着开普勒定律和万有引力定律。

在牛顿之前，伽利略首先把他所制作的望远镜用在天象观测上。伽利略式的望远镜是以一片会聚透镜为目镜、一片发散透镜为物镜的望远镜，还有当时盛行的由两片会聚透镜组成的开普勒望远镜，两种望远镜都无法消除物镜的色散。

牛顿发明以金属磨成的反射镜代替会聚透镜作为物镜，这样就避免了物镜的色散。第一次，牛顿制成的望远镜长15厘米，直径2.5厘米，放大率为30～40倍。经过改进，1671年他制作了第二架更大的反射式望远镜，并送到皇家学会评审。这台望远镜被皇家学会作为珍贵科学发明收藏起来。

这段时期的牛顿，生活上极为平静。

## 背景知识

# 反射望远镜

反射望远镜是指用反射镜作物镜的望远镜，其光学性能的重要特点是没有色差。其他像差在理论上虽然可以得到消除，但工艺复杂，实用的反射望远镜为了避免像差，视场一般比较小，可以通过像场改正透镜扩大视场。反射镜的材料要求膨胀系数小，

应力较小和便于磨制。镜面通常镀铝，在红外区及紫外区都能得到较好的反射率。反射望远镜的镜筒一般比较短，便于支撑。现代高科技反射望远镜还具有镜面自适应光学系统和主动光学系统，可以补偿大气扰动干扰和镜面应力及风力引起的变形抖动。

**牛顿手制的反射望远镜**

中国目前最大的光学望远镜是 2.16 米。目前世界上最大的望远镜是位于夏威夷的凯克望远镜，直径 10 米，由 36 面 1.8 米的六角型镜面拼合而成，耗资 1.3 亿美元，主要是由美国的一个企业家凯克捐助修建的。第一面凯克望远镜建造成功后，凯克基金会又投资修建了凯克二号望远镜，两座挨在一起，威力无比；另外的大型望远镜有美国国立天文台位于南北两半球的两个 8 米望远镜，一座位于夏威夷，

一座位于智利，合称双子座望远镜；日本人在夏威夷建造了一座8米的称为昴星团望远镜。

反射望远镜由于工作焦点的不同分为主焦点系统、牛顿系统、卡塞格林系统、格里高里系统、折轴系统等。通过镜面的变换，在同一个望远镜上可以分别获得主焦点系统（或牛顿系统）、卡塞格林系统和折轴系统。这些系统的焦点，分别称为主焦点、牛顿焦点、卡塞格林焦点、格里高里焦点和折轴焦点等。单独用上述一个系统作望远镜时，分别称为牛顿望远镜、卡塞格林望远镜、格里高里望远镜、折轴望远镜。大型光学反射望远镜主要用于天体物理研究，特别是暗弱天体的分光、测光以及照相工作。

反射望远镜在天文观测中的应用已十分广泛，由于镜面材料在光学性能上没有特殊的要求，且没有色差问题，因此，它与折射系统相比，可以使用大口径材料，也可以使用多镜面拼镶技术等；磨好的反射镜一般在表面镀一层铝膜，铝膜在2000—9000埃波段范围的反射率都大于80%，因而除光学波段外，反射望远镜还适于对近红外和近紫外波段进行研究，因此较适合于进行恒星物理方面的工作（恒星的测光与分光）。目前设计和建造的大口径望远镜都是采用的反射系统，遗憾的是反射望远镜的反射镜面需要定期镀膜，故它在科普望远镜中的应用受到了限制。

反射望远镜是一项伟大的发明，在通常情况下，应该是一旦成功了就会轰动学术界成为主要话题的。

担任皇家教堂司教的巴罗，有一次把这个发明告诉了查理二世，于是牛顿把反射望远镜呈献给国王，国王把它交给皇家学会审查。

"艾萨克·牛顿是怎么样的人物?"

问起这句话的人是协助其师罗伯特·波义耳在清教徒革命时期组织了所谓"隐形同人组织"的伦敦大学教授列文虎克。这个组织后来被国王承认,改称皇家学会。

荷兰科学家虎克（1632—1723）

"他是由巴罗司教介绍,能成为卢卡斯讲座教授的,该不是泛泛之辈吧。"回答的是建筑家克利斯多夫·廉。

"也许是看了我的书才开始学光学的。"以自信固执闻名的虎克摇着膝盖说。他的著作《微生物图说》中,关于光学尤其是显微镜有详细地叙述。

天文学家赛斯·华德、物理学家罗伯特·波义耳等温和派会员都保持沉默。这两位都是虎克的老师,不过虎克认为自己是皇家学会主持实验的人,又负有审查新式望远镜的任务,所以比较积极。

"各位,这个望远镜利用了反射镜,它与伽利略式不同的是,不会有光分解。由于反射面不是球面而是抛物面,因此不会有球面的像分解。"虎克以慎重其事的语气述说。

光分解是指透镜的像有虹彩的现象,像分解是指透镜或球面镜的像模糊不清的现象。

"廉先生，这位制作者是谁？技巧相当了不起！"

"巴罗司教说是牛顿教授制作的。"

"真是难以令人相信！如果是真的，这个人也就怪了。把宝贵的时间浪费在工匠的工作上，实在愚笨！"

虎克一向讨厌那种需要耐性的工作，想起自己制作发明的雨量计时曾经颇费周折，仍不禁怒气冲冲。

这次会议的结果，决定欢迎牛顿进入英国皇家学会成为会员。但没有人知道，牛顿除了发明反射望远镜以外还有其他的成就。

# 年轻的教授

"牛顿先生，我想请你接我的职位。"

1669年，此时牛顿已经26岁了。有一天，巴罗教授向他提出这么一句话，使牛顿有点惊慌失措。

"是卢卡斯讲座吗？"

巴罗教授是要他担任亨利·卢卡斯捐献给三一学院的卢卡斯讲座。巴罗是卢卡斯讲座的第一任教授。

"当然是的，我在几年前就属意于你了。"

巴罗高兴地笑着。

"那么老师呢？"

"我要到伦敦去，在皇家教堂担任司教。"

巴罗是从事圣职的。

如果担任卢卡斯讲座教授的话，就得在讲堂上讲课，比个别指导员的地位高得多。

牛顿决定面对大群学生讲授光学，这是过去一直从未对人说过、秘藏胸中的研究成果。

牛顿的光学与以前的光学不同，他是以自己的实验为基础。所以卢卡斯讲座第二任教授的讲解，就以实验的图解及其说明为主了。

"牛顿教授的课程真没意思！"

在三一学院中，有人在批评他，那并不是因为内容不好，而是太艰深的关系。听课的学生很少，有时甚至一个也没有。这位青年科学家在光学上的成就，在剑桥大学内竟然推展不开。

除了艾尔斯索普附近及剑桥以外，从来没有去过其他地方的牛顿成了皇家学会会员以后，偶尔会因事到伦敦去，参加学者间的应酬。讨厌社交的牛顿很想把自己关在自己的世界里，所以开始整理光学讲义的内容。

这位青年教授面对宽大讲堂内三三两两的学生，发表充满讽刺意味的谈话："古代希腊有关色彩论的学说，多半是胡说八道。即使是正确的，却完全没有触及颜色成立的理由及颜色不同的成因，使我们看不出有什么意义。认真思考他们所说的话，会令人喷饭！他们说光是会发亮的物质、会发亮的影像等，又有什么意义啊？"

牛顿接着把话题转向近代的马尔契、笛卡尔、虎克等人。

"他们以后的学者主张，颜色是决定于光和影混合的比例，或颜色是由于介质的振动，或由于球的回转，等等。但这些学说都犯了一个共同的错误，认为颜色不是光的本质，而是由于反射或折射发生的。我发现颜色是光本来的性质，不论用什么方法都不会使之变化的。"

牛顿终于将自己的发现在讲堂中发表了。讲解中出现的"介质"是指传导光的物质，当时称为"以太"。光在真空中也传导，因此他认为真空中也充满了以太。

这个光学讲授的笔录，依照大学的惯例，被保存于图书室。有人抄写了这一笔录，辗转流传，皇家学院终于知道牛顿的学说是很新颖很有意义的，于是要求牛顿提出论文报告。

这篇论文在科学史上很值得纪念。由实验的探究到引导出定律的方法，都运用了论理学。牛顿让实验说出自然界的真理，让实验回答问题。严密意义上的科学，可以说是从这一论文《光与色的新理论》开始的。

这一论文叙述了色是光的本性，同色具有相同折射率，把二色的光混合即呈另一种颜色，白色光是混合的光，等等。

虎克的《微生物图说》中有一实验，把装有透明红色液体的玻璃瓶和装有透明青色液体的玻璃瓶重置在一起，则光不能通过。这在牛顿的论文中也有清楚地说明。

《光与色的新理论》新奇得令人惊讶难信。难怪接受论文的皇家学会的华德、波义耳和虎克三位委员，不肯立刻承认。

对于这篇论文，虎克写了一份意见书。其中攻击了由实验导出的假说是正确的这种想法。他也主张牛顿的实验结果都可以用他自己的波动说来说明。与此同时，虎克又说色不是光的本质，白色光在棱镜中分解为七色，是因光的波动在玻璃中引起了振动的关系。

虎克主张光是波动说，这是他们正面冲突的原因。牛顿的论理没被理解也是一个主要因素。牛顿的科学方法比当时的方法进步太多了。

总之，虎克与牛顿不论在学说、方法、性格等方面都是正好相反的人。对于光的本体论的异议，牛顿倒是先采取了主动。半年后牛顿写给皇家学会一封信，大意是："好像把我认为光的物质的假说当做结

牛顿正在专心致志地工作着

论了，我绝对没有认为我的假说是确实的。……'以太'的振动，对于那一假说都是有用的。光如果被假定为微粒子，则冲撞曲折面或反射面时，就像石头碰撞水面时一样，'以太'会振动。而且微粒子在振动时，会因大小、形状、运动等的不同而发生不同的振动。"

虎克只固执光的波动说，但牛顿却采取波动说和粒子说两者。以现在的光学把光看做波动外，也认为是微粒子一事来说，显然是牛顿胜利。

牛顿的光学是以论理和实验为武器，光的本质是微粒子或波动，反倒置于其次。而物理学家却群起攻击，想击倒牛顿。

有些热心的人自己去做实验，他们的攻击借口是实验结果与牛顿的不同。牛顿知道那是由于他们实验做得不正确，所以对于

这些学者们深感不满。

他懒得到伦敦去看反对者的嘴脸了，于是写信给皇家学会的秘书欧田堡说，要退出学会，也不再回答批判的论文与信函。

欧田堡则极力加以劝止。这位秘书负责学会会员书信的收发，他为人公正，对于以牛顿为中心的学术界的活动了如指掌，也因此才能抚慰牛顿的心。

牛顿不愿意绕着假说争论。于是投身于似乎与假说无缘的化学实验。

他本来的目的是要找反射望远镜的制镜材料，于是着眼于锑合金的制作，再扩大范围研制日光可熔的合金，研究低温中合成合金的方法，以及做硫磺对锑、银的作用等实验。

从事这些研究，牛顿感到很需要钱。为此，他对于从各种矿石中提炼水银的实验特别感兴趣。

牛顿成为皇家学会会员的第二年，巴罗回到剑桥大学，就任三一学院院长。

"牛顿先生。你已扬名于学术界，实在太好了。"

恩师衷心为他高兴。

"不，和虎克教授等许多学者发生冲突，搞得很乱。"牛顿红着脸说。

"冲突正是表示你的学说被容纳的证据。至少你已成为本国第一流的物理学者了，让我向你道贺。"

"谢谢老师!"

"你的头发白了，想必是用功过度吧。"

"不，那一定是水银的颜色。因为最近在做水银的实验。"

牛顿笑着，抓抓头皮。这位青年科学家才不过 29 岁。

# 消极的争论

皇家学会的接待室虽小，但整齐舒服。正在与秘书欧田堡静静谈话的是牛顿。

"欧田堡先生，承蒙皇家学会的协助，反射望远镜得以问世，光学理论虽有波折，也终于过去。但没发表的还有……"

牛顿以平静温和的语气谈论着。

"你的发明或发现一定又会使世人感到惊讶的，不知道那是关于什么方面的?"

惊讶的欧田堡急急追问。他没想到竟然有学者从事于新的研究而缄默不语。

"是数学方面的，大约是十年前做的。"牛顿平静地说。

这幅牛顿画像曾被爱因斯坦挂在他的书房里

"真令人想不到! 马上争取优先权吧。名称是什么呢?"

欧田堡倾身向前。

"我想叫作微积分好吧，是自己随意起的名字。"

"嗯，微积分，名字很响亮。我想当然是名副其实的数学。"

"如你所知，我最尊敬的老师巴罗院长就是一位优秀的数学家。"

"听说在欧几里德几何方面是第一流的。"

"是啊，你知道巴罗老师创出了在曲线上做切线的方法吗?"

"当然知道。"

牛津大学出身、有外交官经历的秘书能够抓住要点。

"微积分就是从这个着想的。"

"那是有关曲线的数学吗? 牛顿先生。"

牛顿用手指沾了还没喝的咖啡，在桌上画出图形。

"欧田堡先生。微积分关键在于这个比。"

牛顿指着利用一部分曲线做成的直角三角形的两边。

"是哪个比?"

"就是夹直角的两边比。"

"……"

秘书完全不懂得比的意义，他无言地注视着牛顿。

"当然，这样的说明是难以了解的。欧田堡先生，以棱镜使光曲折的时候，知不知道折射角会因棱镜对光的角度变化而变化?"

"好像在什么地方看过。"

"我在某一例行会议里面曾经提过的。"牛顿笑着说。

经细孔的日光进入棱镜时，形成了七色光谱，同时全体的光折向棱镜厚侧。光折向时的角度就是"折射角"。折射角会随棱镜对光的角度的变化而或大或小。

牛顿就是在说这一件事。

"要使曲折角最小，应使棱镜以什么角度对着光等一类问题，可以用微积分很快地解决。"

"是这样子的啊！那是奇妙的发现。为什么把它隐藏至今不发表呢？"

欧田堡实在觉得奇怪。

"我认为数学本来是分析自然现象的一种手段，只使数学独行并没什么意义。"

牛顿是充满自信的，秘书却是闻所未闻。

"我认为数学与物理学并没有什么密切关系。"

"是的，欧几里德几何好像只教我们论理的完美，但几何学的论理可直接应用于物理学，自然是可由实验或观察而显露其真相的。要抓住真相，以便使它走上确实的论理的轨道，就必须数学的帮助了，而微积分在这种场合很有用。"

牛顿对皇家学会的秘书发挥雄辩了。欧田堡觉得此一新发现非比寻常，极为兴奋。

"欧田堡先生，微积分与以往的数字全然不同，微积分是作为研究物理学的工具。"

牛顿没有谈起以微积分探求万有引力定律的事情。

"那太妙了！怎么样，何不把论文向学会提出来？"

以皇家学会秘书的立场，当然如此提议。牛顿却苦着脸说：

"那绝对不行，我本来就想脱离学会的……用哪种形式取得优先权比较好，我特来与你商量。如今，要报巴罗院长之恩，只有这条路了。"

欧田堡低头沉思。

"牛顿先生，你认识约翰·柯林士这个人吗？他独自很吃力地从事于英国数学家与外国数学家的联络工作……"

"曾经听到过。"

"请向柯林士先生提出大略的报告，那么该报告就成为证据了。"

牛顿想听从欧田堡的意见，写信给柯林士，但又认为事情并不那么急迫，就暂时放在一边了。

德国数学家莱布尼茨在这件事之后不久，来访问伦敦皇家学会，询及英国数学家的研究情况时，自然是从欧田堡口中听说了牛顿的微积分的创始经过。

莱布尼茨到巴黎定居，与荷兰人克里斯汀·霍亨斯共同研究与微积分同样的问题。四年后他再赴英国，访问柯林士，这是1676年的事。

柯林士已接到了牛顿的信函，莱布尼茨也看到了这封信，但没有提起自己的研究。如果没有这么一封信函，那么微积分的发明，一定归于莱布尼茨了。

牛顿虽然无意炫耀自己，但如被莱布尼茨占先的话，心里总是会感到不舒服的，于是写了一封更详细的信给欧田堡，列举以微积分计算结果的例子和应用的例子等，而对于微积分本身则用密码记载：6aeccdae13eff7i319n 404qrr4s9t12VX，任谁也看不懂它的意义。

这个秘密保持了约有十年，直到《自然原理》出版了，才知道其意义为"对于含有任意数的变数方程式的微积分的求法及其相反的方法"。

牛顿寄出谜一般的信函给欧田堡的日期是 1676 年 10 月 24 日，莱布尼茨写信给牛顿，说明与微积分相同的微分法，是在 1677 年 5 月 21 日。于是牛顿和莱布尼茨被认为各自独立地做了同样地发明。

在那个时代，作为优先权的证据，使用密码是通行的习惯。牛顿已说明了微积分计算的结果和应用例子，所以莱布尼茨就得宣布能得到同样结果和应用的计算方法。

关于微积分的优先权颇有曲折与纷争，最后的结果是此一发明的荣誉完全归于牛顿。

与莱布尼茨争论后不久，巴罗院长不幸在 47 岁的壮年就去世了。

牛顿怀念恩师，伤感不已。这时候剑桥大学司教特尼逊来访，邀请牛顿继任三一学院院长。

但牛顿断然拒绝了，一方面是自己并不适合担任这项职务，另一方面学院院长是一定要服圣职的。

牛顿除了每周一次的讲课之外，都把自己关在房间里，将硫酸加入水或酒精中观察所产生的热。


## 背景知识

### 莱布尼茨

莱布尼茨（1646 年 7 月 1 日—1716 年 11 月 14 日）德国最重要的自然科学家、数学家、物理学家、历史学家和哲学家，一个举世罕见的科学天才，和牛顿同为微积分的创建人。他博览群书，涉猎百科，对丰富人类的科学知识宝库作出了不可磨灭的贡献。

莱布尼茨一生中奋斗的主要目标是寻求一种可以获得知识和创造发明的普遍方法，这种努力导致许多数学的发现。莱布尼茨的多才多艺很少有人能比，他的研究领域及其成果遍及数学、物理学、力学、逻辑学、生物学、化学、地理学、解剖学、动物学、植物学、气体学、航海学、地质学、语言学、法学、哲学、历史和外交等等。

1693 年，莱布尼茨发表了一篇关于地球起源的文章，后来扩充为《原始地球》一书，提出了地球中火成岩、沉积岩的形成原因。他的地球成因学说，尤其是他的宇宙进化和地球演化的思想，启发了拉马克、赖尔等人，在一定程度上促进了 19 世纪地质学理论的进展。

在生物学方面，莱布尼茨在 1714 年发表的《单子论》等著作中，从哲学角度提出了有机论方面的种种观点。他认为存在着介乎于动物、植物之间的生物，水螅虫的发现证明了他的观点。

在气象学方面。他曾亲自组织人力进行过大气压和天气状况的观察。

在形式逻辑方面，他区分和研究了理性的真理（必然性命题）、事实的真理

**德国哲学家、数学家莱布尼茨**

（偶然性命题），并在逻辑学中引入了"充足理由律"，后来被人们认为是一条基本思维定律。

1700年前后，他提出了无液气压原理，完全省掉了液柱，这在气压机发展史上起了重要作用。

法学是莱布尼茨获得过学位的学科，1667年曾发表了《法学教学新法》，他在法学方面有一系列深刻的思想。

1677年，莱布尼茨发表《通向一种普通文字》，以后他长时期致力于普遍文字思想的研究，对逻辑学、语言学作出了一定贡献。今天，人们公认他是世界语的先驱。

作为著名的哲学家，他的哲学主要是"单子论"、"前定和谐"论及自然哲学理论。其学说与其弟子沃尔夫的理论相结合，形成了莱布尼茨—沃尔夫体系，极大地影响了德国哲学的发展，尤其是影响了康德的哲学思想。他开创的德国自然哲学经过沃尔夫、康德、歌德到黑格尔得到了长足地发展。

莱布尼茨在担任布伦瑞克—汉诺威选帝侯史官时，著有《布伦瑞克史》三卷，他关于历史延续性的思想和从大局看小局的方法及其对于史料的搜集整理等对于日后德国哥廷根学派有着很大的影响。

在莱布尼茨从事学术研究的生涯中，他发表了大量的学术论文，还有不少文稿生前未发表。在数学方面，格哈特编辑的七卷本《数学全书》是莱布尼茨数学研究较完整的代表性著作。格哈特还编辑过七卷本的《哲学全书》。已出版的各种各样的选集、著作集、书信集多达几十种，从中可以看到莱布尼茨的主要学术成就。今天，还有专门的莱布尼茨研究学术刊物"Leibniz"，可见其在科学史、文化史上的重要地位。

# 咖啡店内的话题

伦敦的咖啡店"罗伊德"的水晶灯点亮了。

在炫目的光辉中，有一个潇洒的青年和一个结实的中年男子在热烈地谈论着。同桌有三个身着皮裙的工匠紧靠着聆听他们的谈话。

"廉先生也该来了。"有胡子的人大声说。这个不羁的男人是虎克。

"会来的，他设计的牛津教堂深受赞誉，他会得意地来的。"

身为皇家铸币大臣、皇家学会会长的牛顿

听说克利斯多夫·廉要来，大桌子周围穿着各色服装的客人围聚过来。廉在大火之后，重新设计了伦敦的都市计划，建筑了五十个以上的教堂，所以是深为市民所熟悉的人物。

"你曾预言了上次出现的彗星，也可以得意了。"

被虎克视为年轻后辈的是

26 岁的爱德曼·哈雷。这位天文学家由于对不久前出现的大彗星有过准确的预言而声名大噪。

"到底是大天文学家，让人等了半天。"

体格健壮、年约 50 岁的绅士，满脸笑容地走了进来。这位廉先生担任过牛津大学的天文学教授。

英国一流的学者来了三人，所以大厅里客人的目光都落在他们三个人身上。角落里静静地喝咖啡的一伙人，突然耳语起来。或许是为了反对查理二世的暴政，而在密谈的克伦威尔余党吧。

那一段时期，伦敦的咖啡店是市民们想多闻多知以及关心政治的场所，也就难怪政府禁止咖啡店购置报纸了。

"请教前辈，太阳影响行星的力，不知道遵循什么法则？"脑中思考彗星运动定律的哈雷，提出这样的大问题。

"那是与距离的平方成反比。"脑筋转得特别快的虎克立刻回答道。

"但是，请问一下虎克先生，你怎能断言定是如此呢？"廉讥讽地说。

周围的客人觉得很有趣，全都屏息静听。

"光的强度与光源的距离的平方成反比吧，我想可以同样地去计算。当然，这是直觉！哈哈哈。"

虎克豪放地笑着抽起雪茄。其他两人在紫色烟云中互看了一眼。

"直觉如不能证明就不成话了。"廉说道。

廉说了之后，虎克脸上显出厌恶之色。

"那一定可以证明。"虎克豪气不减。

"唉，很难说，这个问题太难了一点。"廉颇为慎重。

"要证明与距离的平方成反比,这是数学问题。好像还没有这种数学吧。"哈雷好像认为不能证明。

"这就有趣了!我愿意出40先令奖金。从今天起两个月之内征求证明,当然只限你们两位。"这是廉的提案。

但是两个月后三个人集合的时候,一反常态,都寂然无声。顽固的虎克闭着两眼,一味地吞云吐雾。

"前次提的问题对我来说,不是空论一场就行的,这是很重大的问题。前辈们的想法即使不很完全也没关系,请告诉我好不好?"年轻的天文学家哈雷很认真地说。

"我的直觉是不变的。"虎克粗鲁地说了这么一句。

科学巨人牛顿

"我只是提心吊胆,奖金不知会被谁拿去而已。"廉自我解嘲。

哈雷不想再请教虎克和廉了。这时,他的脑海里忽然想起了不常到学会、慎重缄默的一个会员。

哈雷专程到剑桥大学,访问三一学院简陋房间里的牛顿。这位孤独的物理学家把玻璃棒在猫的毛皮上擦一擦,然后拿近烧瓶,只见到瓶里的金箔张开。牛顿专心实验,没发觉有客人进来。

"是摩擦电的实验吧。"哈雷不禁说出来。

"是的,这是百年前吉尔巴特教授在这里做过的老实验。"

牛顿头也不抬，手也不停，继续做实验。

"我是爱德曼·哈雷。"天文学家大声地说，想引起牛顿的注意。

"哈雷先生？什么时候来的?"

牛顿吃了一惊，回头看，哈雷不好意思地笑笑。"牛顿老师，假定太阳的引力与距离的平方成反比，那么行星的轨道成什么形状呢?"

"开普勒定律所说的形状。"

牛顿提着猫的毛皮，趋近察看验电器。

"那么，是椭圆形吗?"

"是的。"

意想不到的哈雷，软软地坐在椅子上。

"牛顿老师，你怎么知道的呢?"

"自己计算的，当然知道。大约在你七八岁时吧。"

哈雷重新仔细地端详着这位天才的脸，作为一个学者，那种谦虚的态度，使他深受感动，一时沉默无语。

"牛顿老师，为什么不发表这么重大的发现呢?"哈雷有点大惑不解地问。

"哈雷先生，如果发表了的话，就得大忙特忙地准备展开辩论。不发表或发表后成为奴隶，两者相较，我宁愿选择前者。"

因预言了哈雷彗星的出现，而洋洋得意的青年天文学家，实在难于接受牛顿的看法。

"牛顿老师，我认为老师在光学上的成就真是了不起！对于引力竟也有如此深刻地研究，实在令人钦佩，相信这些都是人类之宝。不要考虑什么优先权，我想请你把它的总结予以发表，我去劝皇家学会出版。"

哈雷内心对牛顿无比地崇敬。

"有关刚才我们讨论的那篇论文，一定还在，你不妨先拿出来看看。"

牛顿这里那里地寻找，却始终没有找到。于是约好找到了再送给他看。

当哈雷拜读了这篇论文之后，深为钦佩。他每次到剑桥去，都极力怂恿他出版，有时候，牛顿对于他这种执拗地敦促感到很不耐烦。牛顿好不容易决定执笔写作《原理》，是在 1684 年 12 月，该书的正式名称是《自然哲学的数学原理》。

巴罗和欧田堡都已先后去世，能认识牛顿研究工作的价值，而鼓励他执笔的只有哈雷一人而已。而且，皇家学会里面最有势力的人也是极端讨厌牛顿性格的人，是格林威治天文台长约翰·夫兰史提德。因此科学史上最伟大的名著《原理》，并不是在人人祝福之下顺利出版的书。

# 《原理》横空出世

衣着邋遢的男人一手放在背后，像笼中动物一般踏着房间里的铺石地板踱来踱去。

服装整齐的男人手握鹅毛羽笔，端坐在书桌前奋笔疾书。

"以欧几里德几何学为模范……"

踱步的男人像在自言自语，拿笔的听不清楚。

"请再说一次，老师。"

"不，不，这个不必记。"

被称为老师的是牛顿，拿笔的是秘书汉佛利。牛顿正在着手写《自然哲学的数学原理》一书。

"既然要写成书，许多人看不懂就不好，尽量避免使用微积分吧。"

牛顿又讲了汉佛利几乎听不清的话，因为他的脚步声特别大。

"老师，再请大声一点。"

"不，刚才讲的不必记。"

牛顿一面低头沉思，一面踱着方步。

"好吧，从原则开始。汉佛利先生，拜托了！'探究到足以说明现象的原因以后，不必再从自然界中探求其他原因。'"

牛顿停步，一句一句有力地说。秘书的笔滑溜溜地在纸上疾驰。

"老师，您可以边吃边做。"

"不是已经吃过了吗?"牛顿静静地说。

看到秘书推到桌子一端的空盘空杯，使他发生了错觉。

"汉佛利先生，你吃吧。让我来想下面的。"

牛顿又像槛中动物一样来回踱步了。

"自然是单纯的，一种现象决不会有很多原因。仅需数种原因便可以说明的现象，如果导入多种原因，是无谓的浪费。"

脚步声停止，笔尖声沙沙响。

"在本文的开始先写哲学推理的规则（1），接下去是规则（2）……总而言之，同种现象该是由于同样原因发生的。"

过了一会儿，牛顿继续说下去："规则（3），物体的性质中，所有物体均具有、且不能加强和减弱的、应视为所有物体的共同性质。"

在《原理》一书中，牛顿想证明万有引力。这三条规则是证明所必要的，就如同欧几里德几何里面的公理。只要从公理出发，就不用提及万有引力的原因。这也是牛顿所期待的目的之一。

如此边想边踱着方步的牛顿，又开口了："现在请写在另一张纸上。……本书中所谓引力，是指所有物体一般的有互相接近的倾向。此一倾向，是由于互相接近的物体本身的作用，或是由于物体发放的'以太'的作用，或是由于充满其空间的物质的或非物质的介质的作用等问题，均不在讨论之内。本书不讨论力的种类和性质，而着眼于力的大小及其数学上的关系。"

牛顿想讨论运动。运动是与空间和时间有关系的。所以不得不就这一点加以叙述了。

"绝对性的数学时间是一样的。这是巴罗老师的思想。"

后一句只是讲在嘴里，并没有送到汉佛利耳中。

"绝对空间是恒常同一而不动。绝对运动是从绝对场所到绝对场所的移动；而相对运动是从相对场所到相对场所的移动。事实上，代替绝对场所和运动被讨论的是相对场所和运动，这对于日常生活并无影响。因为并没有可作为场所和运动的基准的静止物体存在。……汉佛利先生！你认为你坐在椅子上是静止的吧。但是，你正面对着太阳做复杂的运动。我是想说明这一类事实。"

　　秘书的眉毛蹙成八字形，牛顿加以说明了。后来，爱因斯坦根据牛顿的《原理》中主张的相对性，创立了相对论。

　　"汉佛利先生，接下去是有关运动的基本定律。"

　　牛顿从口袋里拿出写得满满的纸片，坐在椅子上读起来。

　　"一、所有物体如果没有受力，则恒静止或恒做等速直线运动。二、运动量的变化与力成正比，起于力的方向。三、力作用时会产生力量相等、方向相反的反作用力。"

　　这是大家所熟悉的牛顿的运动定律。第一定律和第二定律在伽利略和笛卡尔时就有了雏形，第三定律则是在总结前人的基础上提出来的，但如此明确叙述运动定律的，则以牛顿为第一人。

静坐沉思的牛顿

　　今日物理学中普遍使用的力、质量、运动量等的意义，是牛顿规定的。而这里却以质量与速度的积的运动量来叙述第二定律。由于这一慎重的叙述，第二定律面对相对论仍能屹立不动。

　　太阳与行星以万有引力互相吸引着。但隔着真空、没有任何联系的太阳如何能吸引行星的问题困扰了牛顿。

　　"真空的空间中充满了不妨碍物体运动的神，这个神显示了万有引力。"牛顿肘靠书桌，捧着头，以汉佛利听不见的声音喃喃自语。

在《原理》横空出世的前两年，牛顿如此忘我地工作，与他日常相处的大概只有汉佛利一个人。

起先是预定由皇家学会出版的，当他写好以后学会却变卦了，表面上的理由是学会没有经费。负责出版的哈雷不得不倾囊相助，终于独立出版了。如果没有这位诚挚的友人，《原理》一书就不一定能与世人见面了。

不论如何，《原理》的出版是一大成功。在哈雷的成就中，此事该不亚于彗星周期性的发现。

### 背景知识

## 牛顿在力学方面的贡献

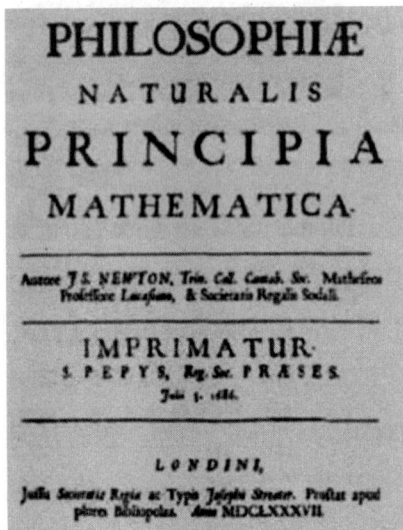

1687年出版的牛顿的最重要的著作《原理》的封面

1679年，牛顿重新回到力学的研究中：引力及其对行星轨道的作用、开普勒的行星运动定律、与虎克和弗拉姆斯蒂德在力学上的讨论。他将自己的成果归结在《物体在轨道中之运动》（1684年）一书中，该书中包含有初步的、后来在《原理》中形成的运动定律。

《自然哲学的数学原理》（现常简称作《原理》）

在埃德蒙·哈雷的鼓励和支持下出版于 1687 年 7 月 5 日。该书中牛顿阐述了其后两百年间都被视作真理的三大运动定律。牛顿使用拉丁单词"gravitas"（沉重）来为现今的引力（gravity）命名，并定义了万有引力定律。在这本书中，他还基于波义耳定律提出了首个分析测定空气中音速的方法。

由于《原理》的成就，牛顿得到了国际性的认可，并为他赢得了一大群支持者：牛顿与其中的瑞士数学家尼古拉·法蒂奥·丢勒建立了非常亲密的关系，直到 1693 年他们的友谊破裂。这场友谊的结束让牛顿患上了神经衰弱。

牛顿在伽利略等人工作的基础上进行深入研究，总结出了物体运动的三个基本定律（牛顿三定律）：①任何物体在不受外力或所受外力的合力为零时，保持原有的运动状态不变，即原来静止的继续静止，原来运动的继续作匀速直线运动。②任何物体在外力作用下，运动状态发生改变，其动量随时间的变化率与所受的合外力成正比。通常可表述为：物体的加速度与所受的合外力成正比，与物体的质量成反比，加速度的方向与合外力的方向一致。③当物体甲给物体乙一个作用力时，物体乙必然同时给物体甲一个反作用力，作用力和反作用力大小相等，方向相反，而且在同一直线上。这三个非常简单的物体运动定律，为力学奠定了坚实的基础，并对其他学科的发展产生了巨大影响。第一定律的内容伽利略曾提出过，后来笛卡尔作过形式上的改进，伽利略也曾非正式地提到第二定律的内容。第三定律的内容则是牛顿在总结雷恩、沃利斯和惠更斯等人的结果之后得出的。

牛顿是万有引力定律的发现者。他在 1665—1666 年开始考虑这个问题。1679 年，虎克在写给他的信中提出，引力应与距离平方成反比，地球高处抛体的轨道为椭圆，假设地球有缝，抛体将回到原处，而不是像牛顿所设想的轨道是趋向地心的螺旋线。牛顿没有回信，但采用了虎克的见解。在开普勒行星运动定律以及其他人的研究成果上，他用数学方法导出了万有引力定律。

牛顿把地球上物体的力学和天体力学统一到一个基本的力学体系中，创立了经典力学理论体系。正确地反映了宏观物体低速运动的宏观运动规律，实现了自然科学的第一次大统一。这是人类对自然界认识的一次飞跃。

牛顿指出流体粘性阻力与剪切率成正比。他说：流体部分之间由于缺乏润滑性而引起的阻力，如果其他都相同，与流体部分之间分离速度成比例。现在把符合这一规律的流体称为牛顿流体，其中包括最常见的水和空气，不符合这一规律的称为非牛顿流体。

在给出平板在气流中所受阻力时，牛顿对气体采用粒子模型，得到阻力与攻角正弦平方成正比的结论。这个结论一般地说并不正确，但由于牛顿的权威地位，后人曾长期奉为信条。20世纪，卡门在总结空气动力学的发展时曾风趣地说，牛顿使飞机晚一个世纪上天。

关于声的速度，牛顿正确地指出，声速与大气压力平方根成正比，与密度平方根成反比。但由于他把声传播当作等温过程，结果与实际不符，后来拉普拉斯从绝热过程考虑，修正了牛顿的声速公式。

在写作《原理》的那段时间，牛顿除了同哈雷保持通信，讨论和《原理》有关的问题以外，几乎中断了所有对外联系。1686年春天，牛顿的《原理》已经大致成形，于是哈雷通知皇家学会"牛顿的书已经准备就绪"。同年4月28日，皇家学会收到了牛顿的手稿，即今天我们看见的《原理》的第一篇，该书的第二篇和第三篇稍后在1687年3月1日和4月4日送交皇家学会。

《自然哲学的数学原理》第一卷原稿，在1686年4月送到皇家科学会。稿子送到科学会以后的一段时期，牛顿的冲劲与热情似乎开始有点松懈了。

牛顿之所以会松懈下来，一部分是因自1684年12月整理资料开始，到1686年4月完成为止，在这段近一年半的时间内夜以继日地努力研究，确实感觉有些疲倦。

当牛顿将他的著作公开后，不料虎克竟然在学会上诬告牛顿窃用他的理论。牛顿刚开始时还能和他保持友谊，但是，虎克却得寸进尺，要求牛顿在序文中提一提这件事，牛顿这时已忍无可忍，便声言他从没听过虎克的任何学说，两个人因此产生正面冲突。

牛顿因为这件事而对出书的事感到心灰意冷，便马上写信要哈雷停止第三卷的出版工作，他说：

"科学家常使科学变成一个鲁莽而且喜好争论的妇人，真令我不敢再接近它了。"

牛顿由于这件事而放弃出版，感到最伤心的当然是哈雷了。因为这本书最初决定由皇家学会负责出版，后来由于皇家学会经济拮据，变成由哈雷自己拿钱出版。

哈雷本身的经济并不宽裕，他出资出版这本书，完全是希望大家都能分享到这份成果。于是，当牛顿表示要停止出版时，他马上就赶到剑桥去找牛顿。

哈雷看到这位科学巨人时，便毫不客气地提出他的看法：

"先生，您现在已经是名满科学界的人物了，而虎克却只是个无名小卒，我觉得您不妨放宽度量，原谅他吧!"

"如果一个科学家发现了宝贵的真理，却因为个人的情感因素而不想公开发表，那真是科学上一个不可原谅的懦者。哥白尼、伽利略不都是为了真理，而以生命做赌注，发表他们的研究吗？由此看来，指责、误解和争论又算什么？

"先生，求求您，再想一想吧! 我不希望您成为一个懦夫。"

哈雷这种对科学的热忱，深深感动了牛顿。

于是，牛顿才又再度提笔，写完第三卷。这部科学界的旷世杰作，经过几番波折终于全部问世了。

牛顿用了 20 年的时间，完成了这部伟大的《原理》。这本书是用当时学术界的国际语言——拉丁文写成的。今天，当我们怀着敬意和好奇的心情翻开《原理》，仿佛穿越时空，走进了一个神奇的世界。

《原理》一书分为三篇，在这三篇正文之前冠有两段说明性的文字，是定义和公理或运动定律。而第一篇和第二篇都题为"论物体的运动"，第三篇叫作"论世界体系"。全书手稿 460 页，是汉佛利的笔迹，但牛顿和哈雷的修改也处处可见。

那么让我们跟随着牛顿来看看在篇首的八条定义吧。他首先以密度和体积定义了物质的量，从而第一次明确区分了质量和重量两大概念，为全书找到了一个独立于地球引力场的立足点。运动的量被定义为"对运动的度量，此一度量由速度与物质的量相联合而产生出来"。这个定义不正是我们现在所熟悉的动量公式吗？自亚里士多德起，物体的运动常被定义为位移，而牛顿此一定义引进了我们今日所谓的动量，为物理学打开了通往动力学的大门。

讨论力的概念时，牛顿依然花费了很长的篇幅讨论向心力，这实在是当时力学所面对的最困难的问题。在这些定义之后牛顿加了一段很长的注释，研究时间和空间，我们今日所谓的绝对时空观念也正是来自于此。

当然，在这个开篇中，牛顿运动三定律是不会少的，在定义和定律之后，我们就真正的进入了《原理》正文内容的第一篇。

在这一篇中，除第一章数学准备之外，其余十三章讨论物理内容，但是第二章和第三章关于向心力和在圆锥曲线上的运动却是最为重要的。正如牛顿自己所说，阅读了这前三章以后，阅读第三篇"论世界体系"实在是没有任何困难。

此外牛顿还证明了开普勒面积定律，即行星的向径在单位时间内扫过的面积相等。我们都知道开普勒的面积定律曾经是 17 世纪天文学家最感困惑的一个问题。现在，牛顿居然给出了这一证明，而且如此简单明了。牛顿仅用了一行半便证完此题，潇洒地写下了"Q. E. I."想必他自己也感到得意。难怪后来有人调侃说，牛顿证完时写下的"Q. E. I."（此即所求）的原意是"颇易想象"。

但是问题毕竟没有这么简单。容易想象的东西并不那么容易证明。因为上面的推理用的都是圆轨道，但行星的实际运行路线是椭圆。所以从第二章定理五起，牛顿开始为引进椭圆做准备。第三章全部用于这一证明。牛顿还在一命题里断言：在椭圆轨道上运行的物体所受的力与它到焦点的距离平方成反比。其实这就是哈雷 1684 年秋天最初访问剑桥时提出的问题的逆命题。在证明中，牛顿大量地运用了古代阿波罗尼的圆锥曲线理论，并采用了运动的点在相互趋近时比例的变化。

不过，细心的读者会注意到，牛顿这儿给出的，并不是哈雷问题的答案，而是它的"逆命题"。换言之，牛顿并没有证明在平方反比力的作用下天体的运动轨迹是椭圆，而是证明了如果某一物体的运动轨迹是椭圆，那么作用于它的中心力应是平方反比的。事实上，整本《原理》没有提供平方反比力必然导向椭圆轨迹的证明。

不过，通过之后的几个定理，牛顿把平方反比的结论推广到其他圆锥曲线上去，他在严格的开普勒条件下推出了面积定律和 3/2 次幂定律。至此，牛顿关于天体运行的工作达到了高潮。他现在已经向大家证明：开普勒提出的行星的三大运动规律，即轨道为椭圆，向径扫过相等面积，3/2 次幂关系，以及向心力的平方反比作用等等规律，相互包容，一者成立必然导致另外两者成立。

在之后的几章中，牛顿分别发展和完善了上述论述。讲如何算出行星的运行轨道；处理"开普勒问题"；并回答了"在任一指定时刻如何算出在一给定椭圆上运动的物体的位置"；讨论直线运动；把向心力的作用一般化，讨论"任何一种向心力"；讨论轨道也在绕引力中心转动的物体。同时他还把讨论扩展到不在同一个平面的情形中去，进一步把讨论精确化。

当一切严谨的讨论完毕之后，最后留下来的，是一个小而重要的细节。我们谈论的距离是什么意思呢？是从地球的表面到月球的表面呢，还是从地球的质心到月球的质心？我们知道，月球和地球之间的距离约为 59.5 个地球半径，因此这个差别似乎可以忽略不计。但是，如果对于地球表面的物体来说，这就非得说清楚不可。如此细小的问题怎么能难倒牛顿呢，他在文章中完美地解决了这个本质上是一个积分的问题，从而完整地完成了对行星和其他太阳系天体运动的描述。

读完了《原理》的第一篇，那么第二篇似乎只是第一篇的继续，或者竟是第一篇的若干结论在阻力不为零的介质中的应用，例如其第一章论阻力与速度成正比时的情形，第二章则是阻力与速度的平方成正比的情形等等。

那么让我们回头来看看《原理》第一篇 98 个命题，它们完整地建立了一套力学系统，从理论上解决了如何计算天体运动的问题。如此复杂的一个系统，一定涉及和提出了重要的哲学问题，同时包括理论的结构和合理性问题，也包括这理论所处理的世界体系问题。当然，牛顿是不会放过这些问题的，他在《原理》的第三篇里，全面展开了这一方向的讨论。

牛顿的第三篇"论世界体系"的结构不同于前两篇。首先，在正文之前有两段独立的说明性文字，"推理法则"共四条。第一条常被称为简单性原则，是一条从哥白尼时代起就被学者所信奉推崇的方法论原理。牛顿的表述是"除那些真实而已足够说明其现象者外，不必去寻找自然界事物的其他原因"。按照牛顿说的这是因为"自然界喜欢简单化"。

从命题到十二，牛顿完成了对太阳系诸天体运动的物理原因的说明。而最后的关于潮汐的问题也是 17 世纪学者所关心的一个大问题。跳过两个比较专门的命题以后，牛顿集中精力处理彗星的运动。

有趣的是，作为《原理》写作契机的彗星运动，现在作为全书论述的归宿，出现在对"世界体系"的最终描述中，足足占50页的篇幅。牛顿首先肯定了第谷的结论，彗星是比月球远得多的星体，然后指出彗星也遵从开普勒面积定律。之后，他还以例子为题，具体讨论了1680年彗星。

牛顿在书中引用了哈雷所在的观象台从1680年12月12日至1681年3月9日的观测资料，并以1682年的彗星做了验证。论述是令人信服的。

彗星就是牛顿所选择的，用以检验理论的经验事实。而有了这些法则和命题的准备之后，牛顿开始着手构造他的世界体系。至于《原理》中其他一些结论，如土星木星运动的不均衡、地球的形状和月球轨道的极点等，在稍后也陆续得到验证。

牛顿力学的真理性在18世纪下半叶最终得以完全确立。人们开始惊叹于牛顿的伟大。


# 不朽的巨著


看过《原理》的人都会发现，《原理》是如此艰涩难懂。按照牛顿自己的说法，他是为了把对数学一知半解的人挡在外面。即使如此，《原理》也以几乎无懈可击的完美，解决了当时知识界所关心的天体运行问题，同时也建立起了经典力学的大厦。对于它以前一个半世纪的物理学，《原理》是一次综合，一个总结；对于它以后三个多世纪的物理学，《原理》则提供了一个不可或缺的基础，一种解决问题的范式。我们这些在三个多世纪以后受教育的人，现在仍然很难想象，建立一种运动规律，统率大到星系，小到尘埃，质量跨越五十个数量级的世界，需要的是一种怎样地综合啊！

《原理》的内容，在当时是极为艰深的创见，因此许多学者纷纷起来指责。例如，牛顿的及门弟子中被认为是最优秀的人物——负责《原理》再版的柯之这样说："行星面向太阳是有引力的，但相反方向的引力没有也可以啊。再版的时候，应该再加入一段新的章节来解说这一点，否则恐怕不好。不然，就在勘误表中列为误印吧。"

连柯之也不能理解反作用定律。经过多次地说明，几乎是唇焦舌疲，可是柯之总是认为自己的观点正确，毫不退让，这使牛顿颇费周折。

我们现在的数学和物理学的复杂程度可能是呈几何级数的增长，但是这毕竟是整个世界数以万计的科学家通力合作的结果。然而牛顿就是独力地统合了伽利略力学和开普勒力学，他花了二十多年的时间就完成了这个整合。也许他会谦虚地说"我是站在了巨人的肩膀上"，但是这已经是多么伟大的成就啊。

看看吧，《原理》所标志的是人类科学史上一次规模空前的综合，这一综合有若干的方面。就科学本身来说，这是物理学和数学的综合。这一做法起源于伽利略，到牛顿这里而臻于完善。对于天地万物的讨论，现在得以用数学的语言准确地进行，而数学所具有的独特的推理能力，又帮助人类在时间和空间上突破了感官的限制，现在，人是真正地面对上下四方、古往今来的宇宙了。

从亚里士多德时代起，天和地就是两回事。第谷发现的新星和彗星打破了这一界限，而牛顿则更以一种严密完整的理论完成了这种统一。"天"的壮丽随之被破坏殆尽，宇宙原来不像中世纪哲学教导的那样狭小，尘世和天国比起来也并非那么黯淡。牛顿把关于天的学问和关于地的学问汇聚在一起的时候，也展示了上帝和自然汇聚在一起形成的权威。于是有一群人想去试图揭示上帝的智慧，而他们这种努力所显示的却是不折不扣的人的智慧，这种人后来被称为科学家。

不过文艺复兴以来，一种对自然的兴趣一直在发展，而在这一发展中，除了学者以外，工匠和贵族也显示出了特殊的热情。工匠们希望关于自然的知识能给他们带来生意上的兴隆和利益，由于他们本身对具体的需要手艺的制作比较在行，也比较感兴趣，因此他们为学术的发展带来了技术。钟表、望远镜和显微镜以及许许多多的科学实验装置不就是他们的成果吗？而富有的贵族则不同。他们有足够的闲暇，又有足够的资金，科学对于他们来说是一种消遣，也是一种享受。探索自然对于他们说来在很大程度上是一种乐趣，或者是为了理解自然本身。他们的探索方式和他们的生活方式相适应，常常是一种纯粹的理性活动。他们受过系统良好的教育，注重推理的严密和逻辑的完整，他们不仅为科学的发展带来了资金，而且也助长了科学的理论化、系统化趋势。当科学革命的潮流把这两种人推到一起，汇成目标一致的洪流时，这种势力何止是成倍地增长啊。

这种历史上的综合，在学术上的反映是理论和实验的联姻。牛顿恰恰生在这一综合的时代。

在学术思想上，隐秘幻术所代表的神秘主义和归于理性的机械论，长久以来一直进行着对抗。然而，正如我们在前文所力图说明的，这种对抗在牛顿那儿得到了综合。从某种意义上说，牛顿的工作就是在机械论构造的世界图景里引进了力的概念，而这个概念本身在本质上与上述图景并不相容。于是，当牛顿把这两种相互排斥的东西糅合在一起时，他便遭遇了困难，我们还将看到，他将为此苦恼、为此折磨很多年，直至他生命最后的年代。

既然有这样的问题，牛顿理论的真理性是如何保证的呢？我们已经看到，牛顿的出发点是公理和定义以及从现象即经验事实中归纳出来的规律，由此而展开的必然是一套逻辑上自洽的演绎体系，这一体系最后给出的结果，必然可以得到经验检验。那么牛顿的方法是归纳和演绎的综合，而理论的真理性并不由逻辑，而是由经验最终判定的。观测，归纳，抽象，推理，最后得出结论，再将此一结论和经验比较，这就是牛顿为哲学提供的"科学方法"。而力的概念的引进，至少在形式上满足了人对原因的追求，提供了一种因果描述。这种描述的真理性，同样不在于逻辑性的检验，而在于为经验所肯定的结果。

当牛顿《自然哲学的数学原理》一书出版后，在学术界引起了轩然大波，学者们对牛顿学问之精深相当佩服，把这本书称为前无古人的杰作，认为他是世界上最伟大的天才。被誉为近代数学之父的拉克兰久也曾经说过：

"这真是古今的杰作，人类的伟业。他论旨的精密正确，更是无人能与他相提并论。"

# 精神狂乱的两年

从 22 岁那年因鼠疫休学算起，已经有 20 年了。这 20 年间牛顿做了些什么事呢？不错，出版了《原理》，整理了光学讲义，完成了万有引力定律。至于独创的发现，却一个也没有。仅仅一年半之间，曾经绽放了绮丽的花朵，可惜好景不常，不久就凋萎了。《原理》不过是那个纪念相册而已。

牛顿对自己的发明和发现，是想自得其乐的。但事实上，他却很难如此。曾经发生过争取优先权这类无聊的事，使得牛顿愈来愈对新发明和新发现没有兴趣。

泥沼般的混乱，不仅限于牛顿而已。著作《原理》时，查理二世驾崩，他亡命法国时所生的儿子蒙马斯登陆英国，向詹姆士二世挑战。国王打败了叛军，蒙马斯等 150 人被处死刑，800 人被流放到西印度群岛。

英国国王詹姆士二世

这类令人生厌的事情使得牛顿的情绪很坏，他回到艾尔斯索普，想让头脑冷静一下。詹姆士二世的暴政，使英国像是一个捣破了的蜂巢。历史上最伟大的科学书籍《原理》，就是在政情不稳之中写作的。

《原理》问世的那一年（1688），国王命令剑桥大学把名誉博士赠与天主教教士阿尔邦·佛兰西斯。此人与剑桥大学毫无渊源，于是剑桥派遣一位委员到伦敦婉拒。

本来，剑桥的委员们准备破格接受，把学位赠与佛兰西斯的。向来一言不发的牛顿起来反对、诘难国王不当，正是由于牛顿的勇气才能使大学保持其权威。

詹姆士二世是天主教徒，他的作为常使国教徒怨恨不满，加上缺乏政治才能，做出一些连天主教也深感遗憾的事情，因此国王的地位岌岌可危。

《原理》出版的翌年，政党的领袖们终于忍耐不了，从荷兰迎来威廉为王。因为威廉的妻子玛丽是王室宗亲，詹姆士二世只得逃往法国，结束了革命。

革命结束以后，国会的权限扩大，并举行改选。剑桥大学因为牛顿守正不阿、不畏强权，所以就把这位招牌教授送到国会去了。

从此牛顿就经常住在伦敦。但这位学者议员仍然沉默寡言，有人形容说，牛顿在国会只讲过一句话："能不能把窗子关起来？"

对国王詹姆士二世誓言忠诚的牛顿，觉得国会生活非常无聊。

牛顿的母亲汉娜，就在这个时期，在伟大的儿子怀中与世长辞。此后，牛顿就无须常回艾尔斯索普的老家了。

牛顿在伦敦，经常被强邀出席皇家学会的例会，因而认识了荷兰物理学家惠更斯。

惠更斯以波动说为基础，建立了很好的复曲折理论体系。在此之前，牛顿曾讲演过有关方解石的复曲折，那显然是错误的。惠更斯在牛顿面前演讲"重力"，这又显然是错误的。科学正处于面临抉择的苦恼。

荷兰物理学家惠更斯（1629—1695）

伦敦生活和大学生活不同，交往的人增加了。其中，牛顿与哲学家约翰·洛克接近，是一件有意义的事。两人经常谈到有关神学的事情。

牛顿从小就接近神学，心里存在着许多的问题。现在加以整理，出版了《圣经上的两个重大错误》《达涅尔书解说》《默尔录解说》等。从这些著作里，可以看出牛顿在神学方面造诣之深。

基督教认为基督、圣灵（基督降落世上的灵魂）和神

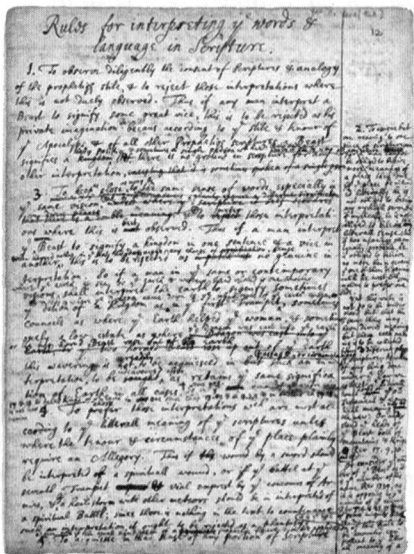

牛顿晚年对神学的研究手稿

是一体的，称为三位一体。牛顿认为这是错误的，因此这位大科学家被视为是基督教的异端。可是《原理》中有如下的记载："此一最雄伟的太阳、行星、彗星构成的体系，是由于全知全能的存在，以其计划及力量造成的。"

牛顿不是不信神。但是，他的信仰不脱离《原理》中所示的哲学上推理的规则。

这位不足月出生的科学家，却有逾于常人的健康。他仅有一次生病卧床而已，而且两三天就起床了。随着年龄增加，视力却愈来愈模糊。但是，牛顿以光学立场来看眼睛也是件有趣的事。他解剖羊目，画了切面图，并加注各部分的长短。

1671 年，给洛克的信上有这么一段话："我以右眼瞥视一下镜中的太阳，然后转向黑暗处，眨了两三次眼，眼中太阳将消逝时，注意到"像"竟然旋转起来，如同刚瞥见太阳时一样闪闪发光了。奇怪的是，我是用右眼看太阳的，而左眼竟也发生了同样现象。由于这次实验，使眼睛伤得很厉害，什么都看不见了。我觉得可能不再能读写了。但仍希望多少能恢复一点视力，因此在暗室中待了三天……"

眼中有残像的现象，在这之前，一定有不少人经验过了。但开始研究的人是牛顿。

在次年的 2 月，牛顿和往常一样，天没亮就起来用功，整理有关光学上的实验仪器，写作论文，不知不觉，天色渐晚，牛顿吹熄了烛火休息片刻，然后到教会参加星期天的礼拜。

这个异端的基督徒在教会中祈祷的时候，突然想起烛火可能没有完全熄灭。果然余烬燃着了桌上的纸，把堆积的重要原稿烧成了灰，幸而未酿成火灾，但牛顿可吃不消了。

"呀!"

从教会赶回来的牛顿见到满屋子的烟雾,吃了一惊,再看看那一堆纸灰,失魂落魄了。

"苦心整理的光学讲义的原稿,这下子完了!"

牛顿的精神狂乱。眼里失去了往昔的光彩,不晓得在看什么。当然,可能不只是为这一件事。与全心全力贯注于《原理》的著作,脑力耗尽,极度疲劳也有关系吧!

牛顿的一言一行都显得怪异,谁见了都认为是不正常。

过了一年半左右。1693 年 9 月,他给皇家学会会长撒谬尔·皮毕斯的信,仍有点怪异:

"我现在为精神错乱所苦

老年的牛顿,精神有些恍惚

恼。这一年来饮食和睡眠都感不足,精神也大不如前。我从没想利用你和国王的力量获取利益,但是今后我要与你断绝往来。我不想增加大家的麻烦,我认为不该与你和朋友们再见面。"

会长吃了一惊,写信询问剑桥的汤玛斯·米林顿。米林顿回信说:"9 月 28 日我见了牛顿先生。他一见面就先说,给了你一封怪信,不晓得怎么办。据说担心之余,午夜不能入眠。有机会的话,要我转告请您原谅。"

洛克也曾收到牛顿的怪信:"你为女性的事情企图使我困扰,一想起我就生气。你说你的病不会好,我想回答:'你去死好了。'"

哲学家洛克看了这封信后，惊诧得说不出话来。三星期后又接到一封信："这个冬天，也许是睡在炉旁的关系吧，一直想睡。也许是这个夏天生病的关系吧，我好像脱出了轨道。写上一封信时，两周才只睡了一小时，五天前起来就没睡过觉。记得好像乱骂过你，但不记得有没有谈到你的书。"

牛顿有两年都如这般处于精神狂乱的状态。


# 科学家爵士


牛顿在《原理》中建立了伟大的理论，但是时间绝对不为任何事物而停留等待。革命流出的血，牛顿的辉煌时代，已流向彼方，逐渐地暗淡下去了。

在牛顿眼中失去光彩，虚无地眺望世间的这段时间里，他已接近50岁了。不易为外物所动的一颗心，渐渐感到人生严酷的冬天已步步逼近了。

牛顿脑力复苏以后，作为科学家的他，又着手月球运动的问题。月球除了地球引力之外，也受太阳引力而做复杂的运动。牛顿面对这样的难题，他也是个凡人，凡人的牛顿在科学世界之外，想到从未想到的事情而沉不住气了。

寺院似的大学和自由热闹的都市相比，凡人是宁可选择后者的。牛顿为了使家乡的弟妹们过好一点的生活，所以不得不使得自己的健康也受到损害。

牛顿拜托洛克、孟德斯鸠等友人在伦敦替他找职业。查尔士·孟德斯鸠也是三一学院出身。

病愈的科学家在研究月球运动时，孟德斯鸠担任财政部长，他接受了牛顿的请托，于1696年3月29日，把牛顿安排到造币局当监事。

晚年的牛顿，别有一番风采

"牛顿先生，我们对你的期望很多。"

"哦，是这样啊。"

牛顿只注意到年薪增加两倍，至于工作内容，如果不是孟德斯鸠提起，他居然没想到。

"我的任务是发展英国的经济，结论是先要改革货币。"

"是的。"

牛顿的脑筋不容易了解这一类话。

"牛顿先生，你是精通科学的人，请你把知识用在货币改革方面。"

"怎么说?"

"先谈货币的制造法。制作银币是先剪下银板，用小锤锤打成形，然后再以小锤打上印记。这样子的话大小不能一致，银币和铜币不应该那么不整齐啊。"

牛顿好不容易进入了状态。

"问题就在此，每个钱的重量、形状等都有相当的差异。……如此就无法断绝赝币，而且狡黠之徒会偷偷地削取币缘部分。"

"还有这样的坏人啊！"

牛顿想象不到的人，到处都是。

"当然，犯了这方面罪行的要处以绞刑。但是，你看。"

财政部长从裤袋拿出十个左右的硬币。他将其中一个银币拿给牛顿看，它的边缘被剪刀剪下了一小块。

"嗯！"

这位心地单纯的科学家看到了这种情形，不禁感叹起来！他回忆起过去确实见过奇怪的金币、银币。孟德斯鸠知道消除这种弊端，是发展资本主义的先决条件，于是想到了牛顿。

"重建经济，需要健全的货币。政府急欲收回现行货币，想流通正当的货币。所以造币局聘请像你这样有才干的人。"

保存在剑桥大学里的牛顿的头发

了解工作意义之后，牛顿迅速进行。他将旧币投入炉中熔解，用机械将银板压型，有了正确形状和模样，大小都一致，如果削了马上会露出马脚。他又聘请哈雷出任查斯达的分局长，生产能力一下子提高为四倍。于是三年之间货币完全换新了。

财政部大为高兴，擢升牛顿为造币局局长。牛顿从此开始了稳定的伦敦生活，有如严冬围炉一般。

牛顿在财政部附近有一座官邸，造币局每周只去一次即可。官邸有同母异父的妹妹玛丽主持家务。因这位能干的主妇使牛顿家宾客不绝，经常高朋满座。

牛顿的收入已达剑桥时代的十倍，年薪两千英镑。但自己的生活依旧朴素，并不骄奢。

牛顿把卢卡斯讲座让给天文学家威廉·威士顿，自己从大学退休，但剑桥仍把他选为国会议员代表。

在这种生活当中，牛顿在经济、财政、法律等方面吸取了丰富的知识。他始终清廉谨慎，在贿赂盛行的时代，从没有丝毫不合法的行为。

1705 年 4 月，女王驾临剑桥大学。就在此时，颁授贵族称号给艾萨克·牛顿，这是英国历史上第一个获此殊荣的学者。这时牛顿 62 岁了，已于两年前担任皇家学会会长。

晚年的牛顿修订了《原理》，也致力于研究年代学，想纠正埃及、希腊、《圣经》等年代方面的差错，但是这些研究却是没价值的工作。

究竟岁月不饶人，牛顿 80 岁时罹患了麻烦的膀胱结石，常为此痛苦不堪。即使情绪较好，出席皇家学会例会的时候也会打盹，他是真正老迈了！

妹妹玛丽很为他担心，于是迁居到伦敦郊外的肯辛顿。

1727 年 3 月 4 日，牛顿参加皇家学会例会后回到家里时，病又发作了，这次发作是他的致命之因。3 月 20 日的凌晨，艾

著名的西敏斯特教堂，牛顿的葬礼就是在这里举行

萨克·牛顿爵士结束了光辉的 84 年的生涯。

西敏斯特的墓地，刻有肖像的纪念碑上有如下的铭刻：

> 艾萨克·牛顿爵士于此安眠。以自己发明的数学方法及如神般的智慧，揭示了行星的运动、彗星的轨道、海洋的潮汐的规律；探究了任何人也没预想到的光的分解和色的本性；解释了自然和古代的事物。他以哲学证明了万能的神的伟大，他一生过着朴素的生活。这位值得称颂的人物，岂不是全人类的光荣？

患膀胱结石的老人咽下最后一口气时，夜已将尽，天色微明，艾尔斯索普的山丘上，白纱似的雾静静地流动着。

但是，白石小屋却不见灯火。

附　录

# 牛顿年表

1643 年 1 月 4 日出生在英国的艾尔斯索普庄园里。

1655 年，12 岁，开始上格兰瑟姆文法学校。

1661 年，进入剑桥大学三一学院。

1664 年春天，21 岁，开始进行光的实验，成为巴罗教授的助手。

1665 年，获剑桥大学学士学位。初创立级数近似法以及把任意幂的二项式化为一个级数的规则。6 月，因鼠疫离校返乡。11 月，创立正流数法（微分）。

1666 年 1 月，用三棱镜研究颜色理论。5 月，开始研究反流数法（积分）。在引力定律方面取得了重大突破。

1667 年，复活节后返回到剑桥大学。获得硕士学位。

1668 年，制成了第一架反射望远镜。

1669 年 7 月，作品《分析论》开始发行。10 月 27 日晋升为数学教授，并担任卢卡斯讲座的教授。

1670—1671 年，研制出第二架反射望远镜。

1671 年，选为英国皇家学会会员。

1672 年，发表《光和颜色的新理论》。

1679 年 6 月，母亲去世。

1684 年，重新研究引力。开始撰写他的《自然哲学的数学原理》
　　　　一书，该书通称为《原理》。

1686 年年底写成划时代的伟大著作《自然哲学的数学原理》。

1687 年，出版《自然哲学的数学原理》。

1689 年，当选为国会中的大学代表。

1693—1696 年，患了一种奇怪的病。

1696 年 3 月，病体康复，接受皇家造币局的监事一职，并移居
　　　　伦敦。

1699 年 12 月，47 岁，被任命为皇家造币局局长。

1701 年，辞去剑桥大学教授一职。

1703—1727 年，任英国皇家学会会长。

1704 年，发表《光学》，叙述他的关于光和颜色的实验。

1705 年，被安妮女王封为爵士。他是第一位获此殊荣的科学家。

1707 年，代数讲义经整理后出版，定名为《普遍算术》。

1727 年 3 月 20 日逝于肯辛顿。享年 84 岁。葬在西敏斯特教堂。